EL PODER DEL
AHORA

EL PODER DEL

AHORA

UN CAMINO HACIA LA REALIZACIÓN ESPIRITUAL

Eckhart Tolle

Traducción de Margarita Matarranz

Grijalbo

El poder del ahora
Un camino hacia la realización espiritual

Título del original en inglés: *The Power of Now. A Guide to Spiritual Enlightenment*

D. R. © 1997, 1999, Eckhart Tolle

Primera edición en Argentina bajo este sello: julio, 2012
Primera edición en México: julio, 2012
Primera reimpresión: noviembre, 2012
Segunda reimpresión: febrero, 2013
Tercera reimpresión: marzo, 2013
Cuarta reimpresión: mayo, 2013
Quinta reimpresión: julio, 2013
Sexta reimpresión: septiembre, 2013
Séptima reimpresión: febrero, 2014
Octava reimpresión: abril, 2014
Novena reimpresión: junio, 2014
Décima reimpresión: agosto, 2014
Undécima reimpresión: octubre, 2014
Décima segunda reimpresión: enero, 2015
Décima tercera reimpresión: marzo, 2015
Décima cuarta reimpresión: junio, 2015
Décima quinta reimpresión: agosto, 2015
Décima sexta reimpresión: enero, 2016
Décima séptima reimpresión: junio, 2016
Décima octava reimpresión: septiembre, 2016
Décima novena reimpresión: octubre, 2016
Vigésima reimpresión: enero, 2017
Vigésima primera reimpresión: junio, 2017
Vigésima segunda reimpresión: noviembre, 2017

Originalmente publicado en inglés en 1977 por
Namaste Publishing, Inc., Vancouver, B.C. Canadá
Versión en inglés revisada en 1999 por New World Library en California, Estados Unidos

D. R. © 2012, Penguin Random House Grupo Editorial
Humberto I, 555, Buenos Aires

D. R. © 2017, derechos de edición para América Latina en lengua castellana excepto Puerto Rico:
Penguin Random House Grupo Editorial, S. A. de C. V.
Blvd. Miguel de Cervantes Saavedra núm. 301, 1er piso,
colonia Granada, delegación Miguel Hidalgo, C. P. 11520,
Ciudad de México

www.megustaleer.com.mx

Traducción de Margarita Matarranz

ISBN: 978-607-311-029-7

Impreso en México – *Printed in Mexico*

El papel utilizado para la impresión de este libro ha sido fabricado a partir de madera procedente
de bosques y plantaciones gestionadas con los más altos estándares ambientales, garantizando
una explotación de los recursos sostenible con el medio ambiente y beneficiosa para las personas.

Penguin
Random House
Grupo Editorial

Tú estás aquí para permitir
que el divino propósito
del universo se despliegue.
¡Esa es tu importancia!

— Eckhart Tolle

CONTENIDO

PREFACIO DEL EDITOR

POR MARC ALLEN

Autor de *Visionary Business* y *A Visionary Life*

Quizá solamente una vez cada diez años o incluso una vez cada generación surge un libro como *El Poder del Ahora*. Es más que un libro; hay en él una energía vital que probablemente usted puede sentir en cuanto lo toma en sus manos. Tiene el poder de crear una experiencia en los lectores y de cambiar su vida para bien.

El Poder del Ahora se publicó por primera vez en Canadá, y la editora canadiense, Connie Kellough, me dijo que había oído múltiples historias de cambios positivos e incluso milagros que han ocurrido cuando la gente se ha adentrado en el libro. "Los lectores llaman", dijo, "y muchos me hablan de las maravillosas curas, transformaciones e inmenso gozo que están experimentando porque han seguido este libro".

El libro me hace consciente de que cada momento de mi vida es un milagro. Esto es absolutamente cierto, me dé cuenta de ello o no. Y *El Poder del Ahora* me muestra cómo hacerme consciente de ello una y otra vez.

Desde la primera página de su obra, resulta claro que Eckhart Tolle es un maestro contemporáneo. No está alineado con ninguna religión, doctrina o gurú particulares; su enseñanza proviene del corazón, de la esencia de todas las demás tradiciones y no contradice a ninguna de ellas, sean la cristiana, la hindú, la budista, la musulmana, la indígena o cualquier otra. Es capaz de hacer lo que todos los grandes maestros han hecho: mostrarnos con un lenguaje simple y claro que el camino, la verdad y la luz están dentro de nosotros.

Eckhart Tolle empieza por presentarnos brevemente su historia, una historia de depresión y desesperación tempranas, que culminó en una tremenda experiencia de despertar una noche no mucho después de haber cumplido veintinueve años. Durante los últimos veinte años ha reflexionado sobre esa experiencia, meditado y profundizado su comprensión.

En la década pasada se convirtió en un maestro universal, un gran espíritu con un gran mensaje, el mismo que Cristo y Buda enseñaron: se puede alcanzar un estado de iluminación aquí y ahora. Es posible vivir libre del sufrimiento, libre de la ansiedad y la neurosis. Para lograrlo sólo tenemos que llegar a comprender nuestro papel de creadores de nuestro dolor; nuestra propia mente causa nuestros problemas, no son los demás, ni "el mundo de allá afuera". Es nuestra propia mente, con su corriente casi constante de pensamientos, pensando sobre el pasado, preocupándose por el futuro. Cometemos el gran error de identificarnos con nuestra mente, de pensar que eso es lo que somos, cuando de hecho somos seres mucho más grandes.

Una y otra vez Eckhart Tolle nos muestra cómo conectarnos con lo que él llama nuestro Ser:

El Ser es la Vida Una, eterna, siempre presente, que está más allá de las miles de formas de vida que están sujetas al nacimiento y a la muerte. Sin embargo, el Ser no sólo está más allá sino también profundamente en el interior de cada forma como su esencia más invisible e indestructible. Esto significa que es accesible a usted ahora, como su propio ser más profundo, como su verdadera naturaleza. Pero no busque asirlo con su mente. No trate de comprenderlo. Sólo puede conocerlo cuando la mente se ha acallado, cuando usted está presente, completa e intensamente en el Ahora... Recuperar la consciencia del Ser y permanecer en ese estado de 'sensación-realización' es la iluminación.

Es casi imposible leer de corrido *El Poder del Ahora;* usted necesita dejarlo periódicamente y reflexionar sobre lo que dice y aplicarlo a su experiencia. Es una guía, un curso completo de meditación y realización. Es un libro para releerlo una y otra vez, y cada vez que lo haga, usted obtendrá más profundidad y significado. Es un libro que muchas personas, incluyéndome a mí, querrán estudiar toda la vida.

El Poder del Ahora tiene un número creciente de lectores devotos. Ya es considerado una obra maestra; se diga lo que se diga, es un libro con el poder de cambiar vidas, de despertarnos para comprender plenamente quiénes somos.

Marc Allen
Novato, California
Agosto de 1999

PRÓLOGO

POR RUSSELL E. DICARLO

Autor de *Towards a New World View*

Cobijados por un cielo azul, los rayos anaranjados del sol poniente pueden, en ocasiones especiales, obsequiarnos un momento de belleza tan considerable, que nos encontramos momentáneamente pasmados, con la mirada congelada. El esplendor del momento nos deslumbra de tal modo que nuestras compulsivas mentes charlatanas hacen una pausa, como para no llevarnos mentalmente a un lugar diferente del aquí y el ahora. Bañados en luz, parece que se abre una puerta a otra realidad, siempre presente, pero raras veces presenciada.

Abraham Maslow las llamaba "experiencias cumbre" puesto que representan los momentos más altos de la vida, cuando nos encontramos gozosamente catapultados más allá de lo mundano y lo ordinario. Podía igualmente haberlas llamado experiencias de "atisbo". Durante estas ocasiones de expansión vislumbramos un destello del reino eterno del Ser. Aunque sólo sea por un breve momento, llegamos al hogar de nuestro Verdadero Ser.

"Ah" podría uno suspirar, "Tan grandioso... si pudiera quedarme aquí. ¿Pero cómo tomar residencia permanente?"

Durante los últimos diez años, me he aplicado a averiguarlo. Durante mi búsqueda, he tenido el honor de entablar diálogos con los más osados, inspiradores y penetrantes "pioneros de paradigmas" de nuestro tiempo: en medicina, ciencia, psicología, negocios, religión/espiritualidad y potencial humano. Este diverso grupo de individuos tienen en común la percepción de que la humanidad está dando un salto cuántico hacia adelante en su desarrollo evolutivo. Este cambio va acompañado de un giro en la visión del mundo, la imagen básica que tenemos de "cómo son las cosas". Una visión del mundo busca contestar dos preguntas fundamentales: "¿Quiénes somos?" y "¿Cuál es la naturaleza del Universo en el que vivimos?" Nuestras respuestas a esas preguntas determinan la calidad y las características de nuestras relaciones personales con la familia, los amigos y los jefes/empleados. Cuando se consideran en una escala mayor, definen las sociedades.

No es sorprendente que la visión del mundo que está emergiendo ponga en duda muchas de las cosas que la sociedad occidental considera verdaderas:

MITO # 1 La humanidad ha alcanzado el pináculo de su desarrollo.

El cofundador de Esalen, Michael Murphy, rastreando estudios de religiones comparadas, medicina, antropología y deportes, ha sacado la estimulante conclusión de que hay etapas más avanzadas de desarrollo humano. En la medida en que una persona alcanza esos niveles avanzados de madurez espiritual, empiezan a florecer extraordinarias capacidades de amor, vitalidad, personalidad, conciencia personal, intuición, percepción, comunicación y voluntad.

Primer paso: reconocer que existen. La mayoría de las personas no lo reconoce. Sólo entonces, se pueden emplear métodos con intención consciente.

MITO # 2 Estamos completamente separados unos de otros, de la naturaleza y del cosmos.

Este mito del "distinto de mí" ha sido responsable de las guerras, el asolamiento del planeta y de todas las formas y expresiones de la injusticia humana. Después de todo ¿quién en su sano juicio haría daño a otro si experimentara a esa persona como parte de sí mismo? Stan Grof, en su investigación de estados no ordinarios de conciencia, resume diciendo que "la psique y la conciencia de cada uno de nosotros es, al fin y al cabo, correspondiente con "Todo Lo Que Es", porque no hay fronteras absolutas entre el cuerpo/ego y la totalidad de la existencia".

La medicina Era-3 del doctor Larry Dossey, en la que los pensamientos, las actitudes y las intenciones de curación de un individuo pueden influir en la fisiología de otra persona (en contraste con la Era-2, en la que prevalece la medicina mente-cuerpo), está muy bien sustentada por estudios científicos sobre el poder curativo de la oración. Ahora bien, esto no puede ocurrir de acuerdo con los principios conocidos de la física y con la visión del mundo de la ciencia tradicional. Sin embargo la abundancia de las evidencias sugiere que de hecho ocurre.

MITO # 3 El mundo físico es todo lo que hay

Atada a la materia, la ciencia tradicional asume que cualquier cosa que no pueda ser medida, examinada en un laboratorio o comprobada por los cinco sentidos y sus extensiones tecnológicas, simplemente no existe. Es "irreal". La consecuencia: toda la realidad se ha reducido a la realidad física. La dimensión espiritual, o lo que yo llamaría dimensiones no físicas de la realidad han sido desterradas.

Esto choca con la "filosofía perenne", ese consenso filosófico que se extiende a través de épocas, religiones, tradiciones y culturas, que describe dimensiones de la realidad diferentes, pero continuas. Estas van de las más densas y menos conscientes — lo que llamaríamos 'materia' — a las menos densas y más conscientes — que llamaríamos dimensiones espirituales —.

Curiosamente, este modelo extendido, multidimensional, de la realidad es sugerido por teóricos cuánticos tales como Jack Scarfetti, que describe el viaje superluminal. Otras dimensiones de la realidad se usan para explicar los viajes que ocurren a velocidad mayor que la de la luz, el último de los límites de velocidad. O considere el trabajo del legendario físico David Bohm con su modelo multidimensional de la realidad desarrollada (física) e implicada (no física).

Esto no es mera teoría: el Experimento Aspect de 1982 en Francia demostró que dos partículas cuánticas que habían estado conectadas alguna vez, cuando eran separadas por vastas distancias permanecían conectadas de alguna manera. Si se cambiaba una partícula, la otra cambiaba instantáneamente. Los científicos no conocen la mecánica de cómo ocurre este viaje más rápido que la velocidad de la luz, aunque algunos teóricos sugieren que esta conexión tiene lugar por medio de puertas a dimensiones superiores.

Así pues, al contrario de lo que pudieran pensar aquellos que se empeñan en su lealtad al paradigma tradicional, las personas pioneras e influyentes con las que hablé, sentían que no hemos alcanzado el pináculo del desarrollo humano, estamos conectados, más que separados, con el resto de la vida y el espectro completo de la conciencia comprende tanto la dimensión física como una multitud de dimensiones no físicas de la realidad.

En esencia, esta nueva visión del mundo supone que usted se vea a sí mismo, a los demás y a toda la vida, no con los ojos de nuestro pequeño ser terrenal, que vive en el tiempo y ha nacido en el tiempo; sino, más bien, a través de los ojos del espíritu, de nuestro Ser, de el Verdadero Sí mismo. Una a una, las personas están pasando a esta órbita superior.

Con este libro, *El Poder del Ahora*, Eckhart Tolle toma con todo derecho su lugar entre este grupo especial de maestros universales. El mensaje de Eckhart es: el problema de la humanidad está profundamente arraigado en la mente misma. O más bien, en nuestra identificación errónea con nuestra mente.

Nuestra conciencia fluctuante, nuestra tendencia a tomar el camino de menor esfuerzo sin estar totalmente despiertos al momento presente, crea un vacío. Y la mente atada al tiempo, que ha sido diseñada para ser un sirviente útil, busca compensación proclamándose el amo. Como una mariposa que revolotea de una flor a otra, la mente se aferra a las experiencias pasadas o, proyectando su propia película, anticipa lo que va a venir. Rara vez nos encontramos descansando en la profundidad oceánica del aquí y ahora. Porque es aquí — en el Ahora — donde encontramos nuestro Verdadero Ser, que está detrás de nuestro cuerpo físico, nuestras emociones cambiantes y nuestra mente parlanchina.

La gloria suprema del desarrollo humano no se apoya en nuestra habilidad para pensar y razonar, aunque esto es lo que nos distingue de los animales. El intelecto, como el instinto, es simplemente un punto a lo largo del camino. Nuestro destino último es volver a conectarnos con nuestro Ser esencial y expresar nuestra realidad extraordinaria, divina, en el mundo físico ordinario, momento a momento. Esto se dice fácilmente, pero aún son pocos los que han alcanzado las últimas posibilidades del desarrollo humano.

Afortunadamente, hay guías y maestros para ayudarnos a lo

largo del camino. Como maestro y guía, el formidable poder de Eckhart no está en su habilidad de deleitarnos con historias entretenidas, ni en hacer concreto lo abstracto ni en ofrecernos una técnica útil. Más bien, su magia se basa en su experiencia personal, la de alguien que *sabe*. El resultado es que hay un poder tras sus palabras que se encuentra solamente en los más celebrados maestros espirituales. Al vivir desde las profundidades de esta Realidad Superior, Eckhart despeja un camino lleno de energía para que los demás se le unan.

¿Y qué pasa si lo hacen? Seguramente el mundo como lo conocemos mejoraría. Los valores cambiarían entre los restos del naufragio de los temores que han sido arrastrados por el torbellino del Ser mismo. Nacería una nueva civilización.

"¿Dónde está la prueba de esta Realidad Superior?" preguntará usted. Ofrezco sólo una analogía: un gran grupo de científicos puede reunirse y darle a usted todas las pruebas científicas de que los bananos son amargos. Pero todo lo que usted tiene que hacer es probar uno, una sola vez, para darse cuenta de que hay todo ese otro aspecto de los bananos. En últimas, la prueba no está en los argumentos intelectuales sino en ser tocado en alguna medida por lo sagrado.

Eckhart Tolle nos abre magistralmente a esta posibilidad.

Russell E. Dicarlo
Erie, Pensilvania
Enero de 1998

INTRODUCCIÓN

EL ORIGEN DE ESTE LIBRO

El pasado me sirve de poco y rara vez pienso en él; sin embargo, me gustaría contarles brevemente cómo llegué a ser un maestro espiritual y cómo nació este libro.

Hasta los treinta años, viví en un estado de ansiedad casi continua, salpicada con periodos de depresión suicida. Ahora lo siento como si estuviera hablando de una vida pasada o de la vida de alguien diferente.

Una noche, no mucho después de cumplir veintinueve años, me desperté de madrugada con un sentimiento de absoluto terror. Había despertado con ese sentimiento muchas veces antes, pero esta vez era más intenso que nunca. El silencio de la noche, los contornos vagos de los muebles en la habitación oscura, el ruido distante de un tren, todo parecía tan ajeno, tan hostil y tan absolutamente sin sentido que creó en mí un profundo aborrecimiento del mundo. Lo más odioso de todo, sin embargo, era mi propia existencia. ¿Qué sentido tenía continuar viviendo con esta carga de desdicha? ¿Por qué seguir con esta lucha continua? Podía sentir un profundo anhelo de aniquilación, de inexistencia, que se estaba volviendo mucho más fuerte que el deseo instintivo de continuar viviendo.

"No puedo seguir viviendo conmigo mismo". Este era el pensamiento que se repetía continuamente en mi mente. Entonces súbitamente me hice consciente de cuán peculiar era este pensamiento. "¿Soy uno o dos? Si no puedo vivir conmigo mismo, debe haber dos: el 'yo' y el 'mí mismo' con el que 'yo' no puedo vivir". "Quizá", pensé, "sólo uno de los dos es real".

Esta extraña revelación me aturdió tanto que mi mente se detuvo. Estaba completamente consciente, pero no había más pensamientos. Después me sentí arrastrado hacia lo que parecía un vórtice de energía. Al principio era un movimiento lento y después se aceleró. Me sobrecogió un intenso temor y mi cuerpo empezó a temblar. Oí las palabras "no te resistas a nada" como si fueran pronunciadas dentro de mi pecho. Sentía como si me arrastrara a un vacío. Sentía que el vacío estaba dentro de mí en lugar de afuera. De repente, ya no sentí más miedo y me dejé caer en aquel vacío. No recuerdo lo que pasó después.

Me despertó el canto de un pájaro en la ventana. Nunca había oído un sonido así antes. Mis ojos aún estaban cerrados y vi la imagen de un diamante precioso. Sí, si un diamante pudiera producir un sonido, sería así. Abrí mis ojos. La primera luz del amanecer se filtraba por las cortinas. Sin ningún pensamiento, sentía, sabía que hay mucho más en la luz que aquello de lo que nos damos cuenta. Aquella suave luminosidad filtrándose a través de las cortinas era el amor mismo. Mis ojos se llenaron de lágrimas. Me levanté y caminé por la habitación. La reconocía y sin embargo sabía que antes no la había visto verdaderamente. Todo era fresco y prístino, como si acabara de nacer. Tomé cosas, un lápiz, una botella vacía, maravillándome ante la belleza y la vividez de todo.

Aquel día caminé por la ciudad en total asombro por el milagro de la vida sobre la tierra, como si acabara de nacer a este mundo.

En los cinco meses siguientes viví en un profundo estado de paz y embelesamiento ininterrumpidos. Después esta condición disminuyó algo en intensidad o quizá me pareció porque se volvió mi estado natural. Podía funcionar todavía en el mundo, aunque me daba cuenta de que nada de lo que *hiciera* podría añadir algo a lo que ya tenía.

Sabía, por supuesto, que algo profundamente significativo me había ocurrido, pero no lo entendía en absoluto. Solamente varios años después, luego de haber leído textos espirituales y de haber pasado tiempo con maestros, me di cuenta de que lo que todo el mundo buscaba ya me había ocurrido a mí. Comprendí que la intensa presión del sufrimiento aquella noche debió haber forzado a mi consciencia a retirarse de su identificación con aquel ser infeliz y profundamente temeroso, identificación que es en últimas una ficción de la mente. Esta retirada debió ser tan completa que este ser sufriente y falso se derrumbó inmediatamente, como cuando se le quita el tapón a un juguete inflable. Lo que quedó después fue mi verdadera naturaleza como el eterno presente que *Yo soy*: la consciencia en su estado puro, anterior a la identificación con la forma. Más tarde, aprendí también a entrar en ese reino interior, ajeno al tiempo y a la muerte que había percibido originalmente como un vacío y a permanecer completamente consciente. Viví en estados de arrobamiento y santidad tan indescriptibles que incluso la experiencia original que acabo de describir palidece en comparación. Llegó un momento en el que, por un tiempo, no quedó nada de mí en el plano físico. No tenía relaciones, ni empleo, ni hogar, ni identidad socialmente definida. Pasé casi dos años sentado en los bancos de los parques en un estado de intenso gozo.

Pero incluso las experiencias más bellas vienen y se van. Más fundamental, quizá, que cualquier experiencia, es la corriente subterránea de paz que no me ha abandonado desde entonces. A veces es muy fuerte, casi palpable, y los demás la pueden sentir también. En otras ocasiones, está en alguna parte en el fondo, como una melodía distante.

Después, la gente venía ocasionalmente a mí y me decía: "Quiero lo que usted tiene. ¿Puede dármelo o mostrarme cómo lograrlo?" Y yo decía: "Usted ya lo tiene. Sólo que no puede sentirlo porque su mente hace demasiado ruido". Esta respuesta creció después hasta convertirse en el libro que usted tiene en sus manos.

Sin darme cuenta, tenía una identidad externa de nuevo. Me había convertido en un maestro espiritual.

LA VERDAD QUE HAY DENTRO DE USTED

Este libro representa la esencia de mi obra, en la medida en que puede ser expresada en palabras, con individuos y con pequeños grupos de exploradores espirituales, durante los últimos diez años en Europa y en Norteamérica. Con profundo amor y aprecio, quisiera agradecer a esas personas excepcionales su valor, su deseo de abrazar el cambio interior, el reto de sus preguntas y su disposición a escuchar. Este libro no habría podido llegar a existir sin ellos. Pertenecen a lo que es todavía una minoría de pioneros espirituales, pero que afortunadamente está creciendo: personas que están alcanzando un punto en el que son capaces de romper patrones mentales colectivos y heredados que han mantenido a los seres humanos sujetos al sufrimiento por millones de años.

Confío en que este libro llegue a los que están listos para una transformación interior muy radical y que por tanto actúe como un catalizador para ella. También espero que llegue a otros muchos que encuentren su contenido digno de consideración, aunque puedan no estar listos para vivirlo o practicarlo plenamente. Es posible que en el futuro, la semilla que se sembró al leer este libro se fusione con la semilla de la iluminación que todo ser humano lleva dentro, y súbitamente esta semilla brote y se haga viva dentro de ellos.

El libro en su forma actual se originó, a menudo espontáneamente, en respuesta a preguntas hechas por personas en seminarios, clases de meditación y sesiones de consejería privadas, así que he conservado el formato de preguntas y respuestas. Aprendí y recibí tanto en esas clases y sesiones como los que preguntaban. Algunas de las preguntas y respuestas las escribí casi al pie de la letra. Otras son genéricas, es decir, que combiné ciertos tipos de interrogantes que se hacían con frecuencia en una sola pregunta y resumí la esencia de diferentes respuestas para formar una respuesta genérica. A veces, en el proceso de escribir, surgía una nueva respuesta más profunda o penetrante que cualquier cosa que yo hubiera dicho nunca. Algunas otras preguntas adicionales fueron formuladas por la editora para clarificar más algunos puntos.

Usted encontrará que desde la primera hasta la última página, los diálogos oscilan continuamente entre dos niveles diferentes.

En el primer nivel, llamo su atención hacia lo que es falso en usted. Hablo de la naturaleza de la inconsciencia y de la disfunción humana, así como de sus manifestaciones más comunes en la conducta, desde los conflictos en las relaciones hasta las guerras entre las tribus o las naciones. Tal conocimiento es vital, porque a menos que usted aprenda a reconocer lo falso como falso —

como algo que no es usted — no puede haber transformación duradera y usted siempre acabará arrastrado de nuevo hacia la ilusión y hacia alguna forma de dolor. En este nivel también le muestro cómo no convertir lo que es falso en usted en su verdadero ser y en un problema, porque así es como se perpetúa lo falso.

En el otro nivel, hablo de una transformación profunda de la conciencia humana — no como una posibilidad futura distante, sino disponible ahora — sin importar quién sea usted o dónde esté. Trato de mostrarle cómo liberarse de la esclavitud de la mente, cómo entrar en un estado iluminado de conciencia y cómo sostenerlo en la vida diaria.

En este nivel del libro, las palabras no siempre tienen que ver con información, sino que a menudo buscan llevarlo a usted a esta nueva conciencia en la medida en que lee. Una y otra vez trato de llevarlo a usted conmigo a ese estado intemporal de presencia intensa y consciente en el Ahora, así como de darle a probar la iluminación. Mientras que usted no alcance a experimentar aquello de lo que hablo, puede encontrar estos pasajes algo repetitivos. Pero en cuanto lo experimente, creo que se dará cuenta de que tienen un gran poder espiritual y pueden llegar a ser para usted las partes más provechosas del libro. Sin embargo, puesto que toda persona lleva dentro de sí la semilla de la iluminación, a menudo me dirijo al conocedor en usted que vive tras el pensador, el ser profundo que inmediatamente reconoce la verdad espiritual, resuena con ella y se fortalece con ella.

El símbolo de pausa ∫ que aparece después de ciertos pasajes es una sugerencia de que detenga la lectura por un momento, se quede en silencio y sienta y experimente la verdad de lo que se acaba de decir. Puede haber otros lugares en el texto en los que usted hará esto natural y espontáneamente.

Cuando comience a leer el libro, el significado de ciertas palabras, tales como "Ser" o "presencia" puede no ser enteramente claro para usted al principio. Simplemente siga leyendo. Ocasionalmente pueden venir a su mente preguntas u objeciones según lee. Probablemente encontrarán respuesta más adelante en el libro, o se harán irrelevantes según usted profundiza en la enseñanza y en usted mismo.

No lea sólo con la mente. Esté atento a cualquier "respuesta emocional" mientras lee y a una sensación de reconocimiento desde el fondo de usted mismo. No puedo hablarle de ninguna verdad espiritual que en el fondo usted no conozca de antemano. Todo lo que puedo hacer es recordarle lo que ha olvidado. El conocimiento vivo, antiguo y sin embargo siempre nuevo, se activa entonces y se libera desde el interior de todas las células de su cuerpo.

La mente siempre quiere categorizar y comparar, pero este libro le será más útil si no trata de comparar su terminología con la de otras enseñanzas: de otra forma, probablemente se llegará a sentir confundido. Uso palabras como "mente", "felicidad" y "conciencia" en forma que no necesariamente tiene relación con la de otras enseñanzas. No se apegue a las palabras. Sólo son peldaños, que deben dejarse atrás lo más rápidamente posible.

Cuando ocasionalmente cito las palabras de Jesús o del Buda, de *Un Curso sobre los Milagros* o de otras enseñanzas, no lo hago para comparar sino para llamar su atención sobre el hecho de que en *esencia* hay y ha habido siempre sólo una enseñanza espiritual, aunque viene en muchas formas. Algunas de esas formas, como las religiones antiguas, se han recubierto tanto de materia extraña que su esencia espiritual ha sido oscurecida casi completamente. En gran medida, por tanto, su significado más profundo ya no se reconoce y su poder transformador se ha perdido. Cuando incluyo citas de las religiones antiguas o de otras enseñanzas, lo hago para revelar su significado más profundo y por consiguiente restablecer su poder transformador, particularmente para los lectores que siguen esas religiones o enseñanzas. Les digo: no hay necesidad de ir a otra parte en busca de la verdad. Permítame mostrarle cómo profundizar en lo que usted ya tiene.

En la mayoría de los casos, sin embargo, me he propuesto utilizar una terminología tan neutra como sea posible para alcanzar a un amplio rango de personas. Este libro puede verse como una reformulación para nuestro tiempo de esa única experiencia espiritual atemporal, la esencia de todas las religiones. No deriva de fuentes externas, sino de una auténtica Fuente interior, así que no contiene teoría o especulación. Hablo a partir de la experiencia interior, y si a veces hablo violentamente, lo hago para pasar a través de capas pesadas de resistencia mental y para alcanzar aquel lugar interior donde usted ya *sabe*, como yo sé, y donde la verdad se reconoce cuando es oída. Hay entonces un sentimiento de exaltación y de vivacidad realzada, cuando algo dentro de usted dice: "Sí, sé que eso es verdad".

CAPÍTULO UNO

USTED NO ES SU MENTE

EL MAYOR OBSTÁCULO PARA LA ILUMINACIÓN

La iluminación, ¿qué es eso?

Un mendigo había estado sentado más treinta años a la orilla de un camino. Un día pasó por allí un desconocido. "Una monedita", murmuró mecánicamente el mendigo, alargando su vieja gorra de béisbol. "No tengo nada que darle", dijo el desconocido. Después preguntó: "¿Qué es eso en lo que está sentado?" "Nada", contestó el mendigo. "Sólo una caja vieja. Me he sentado en ella desde que tengo memoria". "¿Alguna vez ha mirado lo que hay dentro?", preguntó el desconocido. "No" dijo el mendigo. "¿Para qué? No hay nada dentro". "Échele una ojeada", insistió el desconocido. El mendigo se las arregló para abrir la caja. Con asombro, incredulidad y alborozo, vio que la caja estaba llena de oro.

Yo soy el desconocido que no tiene nada que darle y que le dice que mire dentro. No dentro de una caja como en la parábola, sino en un lugar aún más cercano, dentro de usted mismo.

"¡Pero yo no soy un mendigo!", le oigo decir.

Los que no han encontrado su verdadera riqueza, que es la

alegría radiante del Ser y la profunda e inconmovible paz que la acompaña, son mendigos, incluso si tienen mucha riqueza material. Buscan afuera mendrugos de placer o de realización para lograr la aceptación, la seguridad o el amor, mientras llevan dentro un tesoro que no sólo incluye todas esas cosas sino que es infinitamente mayor que todo lo que el mundo pueda ofrecer.

La palabra iluminación evoca la idea de un logro sobrehumano y el ego quiere conservar las cosas así, pero es simplemente el estado natural de sentir la unidad con el Ser. Es un estado de conexión con algo inconmensurable e indestructible, algo que, casi paradójicamente, es esencialmente usted y sin embargo es mucho más grande que usted. Es encontrar su verdadera naturaleza más allá del nombre y de la forma. La incapacidad de sentir esta conexión da lugar a la ilusión de la separación, de usted mismo y del mundo que lo rodea. Entonces usted se percibe a sí mismo, consciente o inconscientemente, como un fragmento aislado. Surge el miedo y el conflicto interior y exterior se vuelve la norma.

Me encanta la sencilla definición de la iluminación dada por Buda como "el fin del sufrimiento". No hay nada sobrehumano en esto, ¿cierto? Por supuesto, como toda definición, es incompleta. Sólo dice lo que la iluminación no es: no es sufrimiento. ¿Pero qué queda cuando ya no hay sufrimiento? El Buda no habla sobre esto y su silencio implica que usted tiene que averiguarlo por sí mismo. Usa una definición negativa para que la mente no la convierta en algo que se deba creer o en un logro sobrehumano, una meta que es imposible de alcanzar. A pesar de esta precaución, la mayoría de los budistas aún cree que la iluminación es para el Buda, no para ellos, al menos no en esta vida.

Usted usó la palabra Ser. ¿Puede explicar lo que quiere decir con eso?

El Ser es la única Vida, eterna, siempre presente, más allá de las miles de formas de la vida que están sujetas al nacimiento y a la muerte. Sin embargo, el Ser no sólo está más allá, sino también profundamente dentro de cada forma como su esencia más íntimamente invisible e indestructible. Esto significa que es accesible a usted ahora como su propio ser más profundo, su verdadera naturaleza. Pero no busque captarlo con la mente. No trate de entenderlo. Usted puede conocerlo sólo cuando la mente está inmóvil. Cuando usted está presente, cuando su atención está completa e intensamente en el Ahora, se puede sentir el Ser, pero nunca puede ser entendido mentalmente. Recuperar la conciencia del Ser y permanecer en ese estado de "sentimiento-realización" es la iluminación.

∫

Cuando usted dice Ser ¿está hablando de Dios? Si es así ¿por qué no lo dice?

La palabra *Dios* se ha vuelto vacía de significado a través de miles de años de mal uso. Yo la uso a veces, pero lo hago poco. Por mal uso entiendo que las personas que nunca han tenido ni un atisbo del reino de lo sagrado, de la infinita vastedad que hay detrás de esta palabra, la usan con gran convicción, como si supieran de qué están hablando. O argumentan contra él, como si supieran qué es lo que están negando. Ese mal uso da lugar a creencias y afirmaciones absurdas y a engaños del ego, tales como "*Mi* o *nuestro*

Dios es el único Dios verdadero y tu Dios es falso" o la famosa afirmación de Nietzsche "Dios ha muerto".

La palabra Dios se ha convertido en un concepto cerrado. En el momento en que se pronuncia, se crea una imagen mental, quizá ya no la de un anciano de barba blanca, pero sí una representación mental de alguien o algo externo a uno y, casi inevitablemente, algo o alguien masculino.

Ni Dios ni Ser ni ninguna otra palabra pueden definir o explicar la inefable realidad que hay detrás de ellas, así que la única cuestión importante es si la palabra es una ayuda o un obstáculo para permitirle a usted experimentar Aquello que señala. ¿Señala más allá de sí misma, hacia esa realidad trascendental o tiende demasiado fácilmente a volverse solamente una idea en su cabeza en la que usted cree, un ídolo mental?

La palabra *Ser* no explica nada, pero tampoco lo hace la palabra *Dios*. Sin embargo *Ser* tiene la ventaja de que es un concepto abierto. No reduce lo infinito invisible a una entidad finita. Es imposible formarse una imagen mental de ello. Nadie puede reclamar la posesión exclusiva del Ser. Es su propia esencia y es inmediatamente accesible a usted como la sensación de su propia presencia, la comprensión de *Yo soy* que es anterior a yo soy esto o yo soy aquello. Así que hay solamente un pequeño paso de la palabra *Ser* a la experiencia del Ser.

∫

¿Cuál es el mayor obstáculo para experimentar esta realidad?

La identificación con su mente, que hace que el pensamiento se vuelva compulsivo. No ser capaz de dejar de pensar es una calamidad terrible, pero no nos damos cuenta de ello así que se considera normal. Este ruido mental incesante nos impide encontrar ese reino de quietud interior que es inseparable del Ser. También crea un falso ser hecho por la mente que arroja una sombra de temor y de sufrimiento. Observaremos todo esto con más detalle posteriormente.

El filósofo Descartes creía que había encontrado la verdad fundamental cuando hizo su famosa aseveración: "Pienso, luego existo". De hecho había dado expresión al error básico: equiparar pensar con Ser e identidad con pensamiento. El pensador compulsivo, lo que quiere decir casi todo el mundo, vive en un estado de separación aparente, en un mundo enfermizamente complejo de problemas y conflictos continuos, un mundo que refleja la creciente fragmentación de la mente. La iluminación es un estado de totalidad, de estar "en unión" y por lo tanto en paz. En unión con la vida en su aspecto manifestado, el mundo, así como con su ser más profundo y con la vida no manifestada, en unión con el Ser. La iluminación no es sólo el fin del sufrimiento y del conflicto continuo interior y exterior, sino también el fin de la temible esclavitud del pensamiento incesante. ¡Qué increíble liberación!

La identificación con su mente crea una pantalla opaca de conceptos, etiquetas, imágenes, palabras, juicios y definiciones que bloquea toda relación verdadera. Se interpone entre usted y su propio yo, entre usted y su prójimo, entre usted y la naturaleza, entre usted y Dios. Es esta pantalla de pensamiento la que crea la ilusión de la separación, la ilusión de que existe usted *y* un "otro" totalmente separado. Entonces olvida el hecho esencial de que, bajo el nivel de las apariencias físicas y de las formas separadas, usted es uno con todo lo que es. Con "olvidar" quiero decir que usted ya no puede *sentir* esta unidad como una realidad autoevidente. Puede que *crea* que es verdad, pero ya no *sabe* que es verdad. Una creencia puede ser consoladora. Sin embargo sólo a través de su propia experiencia se vuelve liberadora.

Pensar se ha vuelto una enfermedad. La enfermedad ocurre cuando las cosas se desequilibran. Por ejemplo, no hay nada malo en que las células se multipliquen y dividan en el cuerpo, pero cuando este proceso continúa sin tener en consideración el organismo total, las células proliferan y tenemos una enfermedad.

Nota: la mente es un instrumento magnífico si se usa correctamente. Utilizada en forma inadecuada, sin embargo, se vuelve muy destructiva. Para decirlo en forma más exacta, no es tanto que usted la utilice inadecuadamente, generalmente usted no la utiliza en absoluto. Ella lo utiliza a usted. Esa es la enfermedad. Usted cree que usted *es* su mente. Ese es el engaño. El instrumento se ha apoderado de usted.

No estoy del todo de acuerdo. Es cierto que tengo muchos pensamientos inútiles, como la mayoría de las personas, pero todavía puedo escoger usar mi mente para lograr cosas y lo hago todo el tiempo.

Sólo porque puede resolver un crucigrama o construir una bomba atómica no quiere decir que usted use su mente. Así como a los perros les encanta roer huesos, a la mente le encanta hincarle el diente a los problemas. Por eso hace crucigramas y construye bombas atómicas. *Usted* no tiene interés en ninguna de estas dos cosas. Déjeme preguntarle esto: ¿Puede liberarse de su mente a voluntad? ¿Ha encontrado el botón de apagar?

¿Usted se refiere a dejar de pensar completamente? No, no puedo, excepto quizá por un momento.

Entonces la mente lo está usando. Usted está identificado inconscientemente con ella, de forma que ni siquiera sabe que es su esclavo. Es casi como si usted estuviera poseído sin saberlo y por lo tanto toma a la entidad que lo posee por usted mismo. El comienzo de la libertad es la comprensión de que usted no es la entidad que lo posee, el que piensa. Saber esto le permite observar a esa entidad. En el momento en que usted empieza a *observar al que piensa* se activa un nivel más alto de conciencia. Entonces usted comienza a darse cuenta de que hay un vasto reino de inteligencia más allá del pensamiento, que el pensamiento es sólo un minúsculo aspecto de esa inteligencia. También se da cuenta de que todo lo que importa verdaderamente — la belleza, el amor, la creatividad, la alegría, la paz interior — surgen de un lugar más allá de la mente. Usted comienza a despertar.

∫

LIBERARSE DE SU MENTE

¿Qué quiere usted decir exactamente con "observar al que piensa"?

Cuando alguien va al médico y dice: "Oigo una voz en mi cabeza" probablemente lo remitirán a un psiquiatra. El hecho es que, de forma muy similar, prácticamente todo el mundo oye una voz, o varias voces, en su cabeza, todo el tiempo: los procesos involuntarios de pensamiento que usted no se da cuenta que puede detener. Los monólogos o diálogos continuos.

Usted probablemente se ha cruzado en la calle con "locos" que hablan o murmuran para sí mismos incesantemente. Bueno, esto no es muy diferente de lo que usted y otras personas "normales" hacen, excepto por el hecho de que usted no lo hace en voz alta. La voz comenta, especula, juzga, compara, se queja, acepta, rechaza, y así sucesivamente. La voz no es necesariamente relevante para la situación en la que usted se encuentra en ese momento; puede estar revisando el pasado reciente o lejano o ensayando o imaginando posibles situaciones futuras. En este caso, frecuentemente imagina resultados negativos o problemas; este proceso se llama "preocuparse". A veces esta pista de sonido va acompañada por imágenes visuales o "películas mentales".

Incluso si la voz es relevante para la situación del momento, la interpretará de acuerdo con el pasado. Esto se debe a que la voz pertenece a su mente condicionada, que es el resultado de toda su historia pasada así como del escenario mental de la cultura colectiva que usted heredó. Así, usted ve y juzga el presente con los ojos del pasado y obtiene una visión de él totalmente distorsionada. No es raro que esa voz sea el peor enemigo de la persona. Muchos viven con un torturador en la cabeza que continuamente los ataca y los castiga y les drena la energía vital. Esto causa sufrimiento e infelicidad así como enfermedad.

Lo bueno es que usted *puede* liberarse de su mente. Esa es la única liberación verdadera. Usted puede dar el primer paso ahora mismo. Empiece por oír la voz de su cabeza tan a menudo como pueda. Preste atención especial a cualquier patrón de pensamiento repetitivo, esos viejos discos que han sonado en su cabeza quizá durante años. Eso es a lo que llamo "observar al que piensa", que es otra forma de decir: escuche la voz de su cabeza, *esté* allí como si fuese un testigo.

Cuando usted escuche esta voz hágalo imparcialmente. Es decir, no juzgue. No juzgue o condene lo que oye, porque hacerlo significaría que la misma voz ha vuelto a entrar por la puerta trasera. Pronto empezará a darse cuenta de esto: *está* la voz y *estoy yo* escuchándola, observándola. Esta comprensión del *Yo soy*, esta sensación de su propia presencia, no es un pensamiento. Surge de más allá de la mente.

$$\int$$

Así pues, cuando usted escucha un pensamiento, usted es consciente no sólo del pensamiento, sino de usted mismo como testigo de él. Ha aparecido una nueva dimensión de conciencia. Mientras oye al pensamiento usted siente una presencia consciente — su ser más profundo — más allá o debajo del pensamiento, como quien dice. El pensamiento entonces pierde su poder sobre usted y rápidamente se calma porque usted ya no le da energía a la mente por medio de la identificación con ella. Este es el comienzo del fin del pensamiento involuntario y compulsivo.

Cuando un pensamiento pierde fuerza, usted experimenta una discontinuidad en la corriente mental, una brecha de "no mente". Al principio las brechas serán cortas, unos segundos tal vez, pero gradualmente se harán más largas. Cuando ocurren esas rupturas usted experimenta cierta quietud y paz dentro de usted. Es el comienzo de su estado natural de percepción de la unidad con el Ser, que generalmente está oscurecida por la mente. Con la práctica, la sensación de quietud y paz se hará más profunda. De hecho, esta profundidad no tiene fin. También sentirá una sutil emanación de gozo que surge de lo profundo de su interior: el gozo de Ser.

No se trata de un estado de trance, en absoluto. Aquí no hay pérdida de conciencia, es todo lo contrario. Si el precio de la paz fuera una disminución de su conciencia y el precio de la quietud una falta de vitalidad y estado de alerta, no valdría la pena tenerlas. En este estado de unión interior, usted está mucho más alerta, más despierto que en el estado de identificación con la mente. Usted está completamente presente. También aumenta la frecuencia de vibraciones del campo de energía que da vida al cuerpo físico.

Según profundiza en este reino de la no-mente, como es llamado a veces en Oriente, usted crea un estado de conciencia pura. En ese estado usted siente su propia presencia con tal intensidad y gozo, que todo el pensamiento, todas las emociones, su cuerpo físico, así como el mundo exterior, se vuelven relativamente insignificantes en comparación con ello. Y sin embargo no es un estado egoísta sino un estado sin ego. Lo lleva a usted más allá de lo que antes consideraba "su propio ser". Esta presencia es esencialmente usted y al mismo tiempo inconcebiblemente mayor que usted. Lo que trato de expresar aquí puede sonar paradójico o incluso contradictorio, pero no puedo expresarlo de otra manera.

∫

En lugar de "observar al que piensa" usted puede crear también una brecha en la corriente de la mente simplemente dirigiendo el foco de su atención hacia el Ahora. Vuélvase intensamente consciente del momento presente. Esto es algo profundamente satisfactorio. De esa forma usted aparta la conciencia de la actividad de su mente y crea una brecha de no-mente en la que usted está muy alerta y consciente, pero no pensando. Esa es la esencia de la meditación.

En su vida diaria, usted puede practicar esto tomando una actividad rutinaria que normalmente es sólo un medio para un fin y préstele su más completa atención, de modo que se convierta en un fin en sí misma. Por ejemplo, cada vez que usted suba y baje las escaleras en su casa o en su lugar de trabajo, ponga mucha atención a cada paso, a cada movimiento, incluso a su respiración. Esté totalmente presente. O cuando se lave las manos, preste atención a todas las percepciones sensoriales asociadas con la actividad: el sonido y tacto del agua, el movimiento de sus manos, el aroma del jabón y así sucesivamente. O cuando suba a su automóvil, después de cerrar la puerta haga una pausa de unos segundos y observe al flujo de su respiración. Hágase consciente de una sensación de presencia silenciosa pero poderosa, Hay cierto criterio por el que puede medir su éxito en esta práctica: el grado de paz que siente interiormente.

$$\int$$

Así pues el único paso vital en su camino hacia la iluminación es este: aprenda a dejar de identificarse con su mente. Cada vez que usted crea una brecha en el fluir de la mente, la luz de su conciencia se vuelve más fuerte.

Un día puede que se sorprenda a sí mismo sonriendo a la voz de su cabeza, como sonreiría ante las travesuras de un niño. Esto significa que ya no se toma tan en serio el contenido de su mente, puesto que el sentido de usted mismo no depende de él.

LA ILUMINACIÓN: ELEVARSE
POR ENCIMA DEL PENSAMIENTO

¿Para sobrevivir en este mundo no es esencial el pensamiento?

Su mente es un instrumento, una herramienta. Está ahí para utilizarla en una tarea específica y cuando se termina la tarea, hay que dejarla de lado. Como se usa ahora, yo diría que el ochenta o noventa por ciento del pensamiento de la mayoría de las personas es, no sólo repetitivo e inútil, sino que por su naturaleza disfuncional y a menudo negativa, gran parte de él es también perjudicial. Observe su mente y descubrirá que esto es verdad. Ella causa una pérdida grave de energía vital.

Este tipo de pensamiento compulsivo es en realidad una adicción. ¿Qué es lo que caracteriza a una adicción? Simplemente esto: usted ya no siente que puede elegir detenerse. Parece más fuerte que usted. También le da una sensación falsa de placer, placer que invariablemente se convierte en dolor.

¿Por qué habríamos de ser adictos al pensamiento?

Porque usted está identificado con él, lo que significa que usted deriva su sentido de sí mismo del contenido y la actividad de su mente. Porque cree que dejaría de ser si dejara de pensar. Según crece, usted forma una imagen mental de quién es usted, basada en su condicionamiento personal y cultural. Podemos llamar a este ser fantasmal el ego. Consiste en actividad mental y sólo se puede mantener activo por medio del pensamiento constante. El término ego significa diferentes cosas para las diferentes personas, pero cuando lo uso aquí significa un falso ser, creado por la identificación con la mente.

Para el ego, el momento presente casi no existe. Lo único que se considera importante es el pasado y el futuro. Esta inversión total de la verdad es la causante de que en su "modalidad ego", la mente sea tan disfuncional. Está siempre preocupada de mantener el pasado vivo porque sin él ¿quién es usted? Se proyecta constantemente hacia el futuro para asegurar su supervivencia y para buscar algún tipo de alivio o de realización en él. Dice: "Un día, cuando esto, aquello o lo de más allá ocurra, voy a sentirme bien, feliz, en paz". Incluso cuando el ego parece estar ocupado con el presente, no es el presente lo que ve: lo percibe en forma completamente errónea porque lo observa con los ojos del pasado. O reduce el presente a un medio para lograr un fin, un fin que siempre está en el futuro proyectado por la mente. Observe su mente y verá que así es como funciona.

El momento presente tiene la clave de la liberación. Pero usted no puede encontrar el momento presente mientras *sea* su mente.

No quiero perder mi capacidad de análisis y discriminación. No me molestaría aprender a pensar más claramente, en forma más concentrada, pero no quiero perder mi mente. El don del pensamiento es lo más precioso que tenemos. Sin él, seríamos solamente otra especie animal.

El predominio de la mente no es más que una etapa en la evolución de la conciencia. Necesitamos pasar urgentemente a la próxima etapa; si no, seremos destruidos por la mente, que se ha convertido en un monstruo. Hablaré con más detalle sobre esto después. Pensamiento y conciencia no son sinónimos. El pensamiento es sólo un pequeño aspecto de la conciencia. El pensamiento no puede existir sin la conciencia, pero la conciencia no necesita al pensamiento.

La iluminación significa levantarse por encima del pensamiento, no caer a un nivel inferior del pensamiento, el nivel de un animal o una planta. En el estado iluminado, usted todavía usa su mente pensante cuando la necesita, pero en una forma mucho más enfocada y efectiva que antes. La usa sobre todo con fines prácticos, pero está libre del diálogo interno involuntario y hay una quietud interior. Cuando usted usa la mente y particularmente cuando se necesita una solución creativa, usted oscila unos cuantos minutos entre el pensamiento y la quietud, entre la mente y la no-mente. La no-mente es conciencia sin pensamiento. Sólo de esta forma es posible pensar creativamente, porque sólo de esta forma el pensamiento tiene poder real. El pensamiento solo, cuando no está conectado con el reino mucho más vasto de la conciencia, se vuelve estéril rápidamente, insensato, destructivo.

La mente es esencialmente una máquina de supervivencia. Ataque y defensa contra otras mentes, recoger, almacenar y analizar información, eso es en lo que es buena, pero no es creativa en absoluto. Todos los artistas verdaderos, lo sepan o no, crean desde un lugar de no-mente, de quietud interior. La mente entonces da forma a la visión o impulso creativo. Incluso los grandes científicos han dicho que sus grandes logros creativos llegaron en un momento de quietud mental. El sorprendente resultado de una encuesta nacional entre los matemáticos más eminentes de Norteamérica, incluido Einstein, para conocer sus métodos de trabajo, fue que el pensamiento "juega sólo un papel subordinado en la breve y decisiva fase del acto creativo en sí mismo".[1]

Así pues, yo diría que la sencilla razón por la que la mayoría de los científicos no son creativos, no es porque no saben pensar sino ¡porque no saben cómo dejar de pensar!

No fue por medio de la mente, del pensamiento, como el milagro de la vida sobre la tierra o el de su propio cuerpo, fueron creados y se sostienen. Hay claramente una inteligencia trabajando que es mucho más grande que la mente. ¿Cómo puede una simple célula humana que mide 1/1.000 de pulgada contener instrucciones en su ADN que llenarían mil libros de seiscientas páginas? Cuanto más aprendemos sobre el funcionamiento del cuerpo, más descubrimos cuán vasta es la inteligencia que funciona en él y qué poco conocemos. Cuando la mente se vuelve a conectar con esto, se vuelve una herramienta sumamente maravillosa. Entonces le sirve a algo más grande que ella misma.

LA EMOCIÓN: LA REACCIÓN
DEL CUERPO A SU MENTE

¿Y las emociones? Me siento atrapado en mis emociones más que en la mente.

La mente en la forma en que uso la palabra, no es solamente el pensamiento. Incluye sus emociones así como todos los patrones de reacción inconscientes de tipo mental-emocional. La emoción surge en el punto en que se encuentran la mente y el cuerpo. Es

---

[1] A. Koestler, *The Ghost in the Machine* (Arkana, Londres, 1989) p. 180.

la reacción del cuerpo a su mente, o podríamos decir, un reflejo de su mente en el cuerpo. Por ejemplo, un pensamiento de ataque o un pensamiento hostil creará un aumento de energía en el cuerpo al que llamamos cólera. El cuerpo se alista a luchar. El pensamiento de que usted está siendo amenazado, física o psicológicamente, hace que el cuerpo se contraiga, y ese es el aspecto físico de lo que llamamos miedo. La investigación ha mostrado que las emociones fuertes incluso producen cambios en la bioquímica del cuerpo. Estos cambios bioquímicos representan el aspecto físico o material de la emoción. Por supuesto, usted no es consciente habitualmente de todos sus patrones de pensamiento, y a menudo sólo observando sus emociones puede hacerlos conscientes.

Cuanto más identificado esté con su pensamiento, sus gustos y sus odios, sus juicios e interpretaciones, es decir cuanto menos *presente* esté como la conciencia que observa, más fuerte será la carga de energía emocional, sea usted consciente de ello o no. Si usted no puede sentir sus emociones, si está desconectado de ellas, eventualmente las experimentará en un nivel puramente físico, como un problema o síntoma físico. Se ha escrito mucho sobre esto en los últimos años, así que no necesitamos entrar en ello aquí. Un patrón emocional inconsciente puede incluso manifestarse como un evento externo que aparentemente le sucede a usted. Por ejemplo, he observado que la gente que lleva dentro mucha ira sin ser consciente de ella y sin expresarla, tiene más posibilidad de ser atacada, verbal o incluso físicamente, por otras personas iracundas y a menudo sin razón aparente. Tienen una fuerte emanación de ira que ciertas personas reciben subliminalmente y que dispara su propia ira latente.

Si usted tiene dificultad para sentir sus emociones, empiece por concentrar su atención en el campo de energía interior de su cuerpo. Sienta el cuerpo desde dentro. Esto también lo pondrá en contacto con sus emociones. Exploraremos esto con más detalle más adelante.

∫

Usted dice que una emoción es el reflejo de la mente en el cuerpo. Pero a veces hay un conflicto entre ambos: la mente dice "no" mientras la emoción dice "sí" o al contrario.

Si usted quiere conocer realmente su mente, el cuerpo le dará siempre un reflejo verdadero, así que observe la emoción o más bien *siéntala* en su cuerpo. Si hay un conflicto aparente entre ellos, el pensamiento será la mentira, la emoción será la verdad. No la verdad última sobre quién es usted, pero sí la verdad relativa de su estado mental en ese momento.

El conflicto entre los pensamientos superficiales y los procesos mentales inconscientes es ciertamente común. Puede que usted ni siquiera sea capaz de traer a la conciencia *en forma de pensamientos* su actividad mental inconsciente, pero esta siempre se reflejará en el cuerpo *como una emoción* y de esto sí *puede* ser consciente. Observar una emoción de este modo es básicamente lo mismo que escuchar u observar un pensamiento, como describí anteriormente. La única diferencia es que, mientras un pensamiento está en su mente, una emoción tiene un fuerte componente físico, por lo tanto se siente primariamente en el cuerpo. Entonces usted puede permitir que la emoción *esté* allí sin ser controlado por ella. Usted ya no *es* la emoción; usted es el observador, la presencia que observa. Si usted practica esto, todo lo que es inconsciente en usted saldrá a la luz de la conciencia.

¿Así pues, observar nuestras emociones es tan importante como observar nuestros pensamientos?

Sí, convierta en un hábito preguntarse a sí mismo: ¿Qué pasa dentro de mí en este momento? Esta pregunta lo orientará en la dirección correcta. Pero no analice, simplemente observe. Enfoque su atención en el interior. Sienta la energía de la emoción. Si no hay emoción presente, lleve su atención más profundamente al campo de energía interior de su cuerpo. Es la puerta de entrada al Ser.

∫

Una emoción habitualmente representa un patrón de pensamiento amplificado y energizado, y puesto que a menudo es una carga energética excesiva, no es fácil inicialmente permanecer presente lo necesario para poder observarlo. Quiere apoderarse de usted y generalmente lo logra, a menos que haya suficiente presencia en usted. Si usted es empujado a la identificación inconsciente con la emoción por falta de presencia, lo que es normal, la emoción temporalmente se convierte en "usted". A menudo se crea un círculo vicioso entre su pensamiento y la emoción: se alimentan recíprocamente. El patrón de pensamiento crea un reflejo magnificado de sí mismo en forma de emoción y la frecuencia vibratoria de la emoción continúa alimentando el patrón de pensamiento original. Al permanecer mentalmente en la situación, evento o persona que percibimos como causa de la emoción, el pensamiento le brinda energía a la emoción, que a su vez energiza el patrón de pensamiento y así sucesivamente.

Básicamente, todas las emociones son modificaciones de una emoción primordial, indiferenciada, que tiene su origen en la pérdida de conciencia de quién es usted más allá del nombre y de la forma. Por su naturaleza indiferenciada, es difícil encontrar un nombre que describa precisamente esta emoción. "Miedo" se aproxima, pero además de una sensación continua de amenaza, también incluye un profundo sentido de abandono y falta de plenitud. Puede ser mejor usar un término que es indiferenciado al igual que esta emoción básica y llamarla simplemente "sufrimiento". Una de las principales tareas de le mente es combatir o suprimir este sufrimiento emocional, lo cual es una de las razones para su incesante actividad, pero todo lo que puede lograr es ocultarlo temporalmente. De hecho, cuanto más se esfuerza la mente por librase del sufrimiento, mayor es este. La mente nunca puede encontrar la solución, ni puede permitirse dejar que usted la encuentre, porque ella misma es una parte intrínseca del "problema". Imagine a un jefe de policía tratando de encontrar a un pirómano cuando el pirómano *es* el jefe de policía. Usted no se librará de este sufrimiento hasta que deje de derivar su sentido de sí mismo de la identificación con la mente, es decir, con el ego. Entonces la mente es derrocada de su lugar de poder y el Ser se revela como su verdadera naturaleza.

Sí, ya sé lo que va a preguntar.

Iba a preguntar: ¿Y las emociones positivas como el amor y la alegría?

Son inseparables de su estado natural de conexión interior con el Ser. Los destellos de amor y alegría o los momentos breves de profunda paz son posibles siempre que hay una brecha en la corriente del pensamiento. Para la mayor parte de las personas, tales brechas ocurren raramente y sólo por accidente, en momentos en que la mente se queda "sin palabras", a veces disparada por la belleza extraordinaria, por un esfuerzo físico extremado o incluso por un gran peligro. Súbitamente hay quietud interior. Y en esta quietud hay una sutil pero intensa alegría, hay amor, hay paz.

Habitualmente estos momentos se viven muy brevemente, puesto que la mente vuelve a tomar rápidamente su actividad ruidosa que llamamos pensamiento. El amor, la alegría y la paz no pueden florecer hasta que usted se haya liberado del dominio de la mente. Pero no son lo que yo llamaría emociones. Reposan más allá de las emociones, en un nivel mucho más profundo. Así que usted tiene que hacerse completamente consciente de sus emociones y ser capaz de *sentirlas* antes de poder sentir lo que hay más allá de ellas. Emoción significa literalmente "perturbación". La palabra viene del latín *emovere* que significa "perturbar".

El amor, la alegría y la paz son estados profundos del Ser o más bien tres aspectos del estado de conexión interior con el Ser. Como tales, no tienen contrarios. Esto se debe a que surgen de más allá de la mente. Las emociones, por otra parte, al ser parte de la mente dualista, están sujetas al juego de los contrarios. Esto significa sencillamente que usted no puede tener bien sin mal. Así pues, en la condición no iluminada, identificada con la mente, lo que a veces se llama erróneamente alegría es el breve placer habitual del ciclo continuamente alternante del sufrimiento/placer. El placer se deriva siempre de algo que está fuera de usted mientras que la alegría surge de dentro. Lo mismo que le brinda placer hoy puede brindarle dolor mañana, o puede abandonarlo, así que su ausencia le traerá dolor. Y lo que a menudo se llama amor puede ser placentero y estimulante por un tiempo, pero es un asidero adictivo, una condición extremadamente menesterosa que puede convertirse en su contraria en un instante. Muchas relaciones "amorosas", después de pasada la euforia inicial, de hecho oscilan entre el "amor" y el odio, la atracción y el ataque.

El verdadero amor no conlleva sufrimiento. ¿Cómo podría? No se convierte súbitamente en odio, ni la verdadera alegría se convierte en dolor. Como dije, incluso antes de que usted esté iluminado — antes de liberarse de su mente — usted puede tener destellos de verdadera alegría, verdadero amor o una profunda paz interior, tranquilos pero vibrantemente vivos. Estos son aspectos de su verdadera naturaleza, que está habitualmente oscurecida por la mente. Incluso en una relación adictiva "normal", puede haber momentos en los que la presencia de algo más genuino, algo incorruptible, puede sentirse. Pero serán sólo atisbos, que se ocultarán pronto por la interferencia de la mente. Entonces puede parecer que usted tuvo algo muy precioso y lo perdió, o su mente puede convencerlo de que en todo caso todo fue una ilusión. La verdad es que no fue una ilusión y usted no puede perderlo. Es parte de su estado natural, que puede ser oscurecido, pero nunca destruido por la mente. Incluso cuando el cielo está cubierto de nubes densas, el sol no ha desaparecido. Está todavía allá, al otro lado de las nubes.

El Buda dice que el dolor o sufrimiento surge por el deseo y que para liberarnos del sufrimiento tenemos que cortar los lazos del deseo.

Todos los deseos son expresiones de la mente que busca la salvación o la realización en las cosas externas y en el futuro como sustituto de la alegría de Ser. Mientras yo sea mi mente, soy esos deseos, esas necesidades, carencias, apegos y aversiones, y fuera de ellos no hay "yo" excepto como una mera posibilidad, un potencial no logrado, una semilla que todavía no ha brotado. En ese caso, incluso mi deseo de ser libre o iluminado es sólo otro anhelo de realización o plenitud en el futuro. Así que no busque llegar a ser libre del deseo o "lograr" la iluminación. Vuélvase presente. Esté allí como observador de la mente. En lugar de citar al Buda, *sea* el Buda, *sea* "el despierto", que es lo que la palabra *buda* significa.

Los seres humanos han estado en las garras del sufrimiento durante millones de años, desde que cayeron del estado de gracia, entraron en el reino del tiempo y la mente y perdieron la conciencia del Ser. En ese punto, empezaron a percibirse a sí mismos como fragmentos sin significado en un universo ajeno, separados de la Fuente y de los demás.

El sufrimiento es inevitable mientras usted esté identificado con su mente, es decir, mientras usted esté inconsciente, espiritualmente hablando.

Hablo aquí principalmente del sufrimiento emocional, que es también la causa principal del sufrimiento físico y de las enfermedades físicas. El resentimiento, el odio, la autocompasión, la culpa, la ira, la depresión, los celos y así sucesivamente, incluso la más leve irritación, son todas formas del sufrimiento. Y todo placer o elevación emocional contiene en sí mismo la semilla del dolor: su contrario inseparable, que se manifestará con el tiempo.

Cualquiera que haya tomado drogas para sentirse bien sabrá que la animación eventualmente se convierte en depresión, que el placer se transforma en alguna forma de dolor. Muchas personas saben también por experiencia propia cuán fácil y rápidamente una relación íntima puede pasar de ser una fuente de placer a ser una fuente de dolor. Vistos desde una perspectiva más alta, los polos positivo y negativo son caras de la misma moneda, ambos son parte del sufrimiento subyacente que es inseparable del estado de conciencia egotista de identificación con la mente.

Hay dos niveles de sufrimiento: el sufrimiento que usted crea ahora y el sufrimiento del pasado que vive todavía en su mente y su cuerpo. Ahora quiero hablar de cómo dejar de crear sufrimiento en el presente, y cómo disolver el sufrimiento pasado.

CAPÍTULO DOS

LA CONCIENCIA:
EL ESCAPE DEL DOLOR

NO CREAR MÁS DOLOR EN EL PRESENTE

Ninguna vida está completamente libre de dolor y tristeza. ¿No es cuestión de aprender a vivir con ellos más que de tratar de evitarlos?

La mayor parte del sufrimiento humano es innecesario. Es creado por uno mismo mientras la mente no observada maneje nuestra vida.

El dolor que usted crea ahora es siempre una forma de no aceptación, una forma de resistencia inconsciente a lo que es. En el nivel del pensamiento, la resistencia es una forma de juicio. En el nivel emocional, es una forma de negatividad. La intensidad del sufrimiento depende del grado de resistencia al momento presente, y esta a su vez depende de la fuerza de su identificación con la mente. La mente siempre busca negar el Ahora y escapar de él. En otras palabras, cuanto más identificado esté usted con su mente, más sufre. O puede ponerlo en estos términos: cuanto más capaz sea de honrar y aceptar el Ahora, más libre estará del dolor, del sufrimiento y de la mente egótica.

¿Por qué habitualmente se niega o se resiste la mente al Ahora? Porque no puede funcionar y permanecer en control sin el tiempo, que es pasado y futuro, así que percibe el Ahora intemporal como una amenaza. El tiempo y la mente son de hecho inseparables.

Imagínese la Tierra sin vida humana, habitada sólo por plantas y animales. ¿Tendría todavía un pasado y un futuro? ¿Podríamos todavía hablar del tiempo de forma significativa? La pregunta "¿Qué hora es?" o "¿Qué día es hoy?" — si hubiera alguien para hacerla — no tendría ningún sentido. El roble o el águila quedarían perplejos ante tal pregunta. "¿Qué hora?" responderían. "Bueno, es ahora, por supuesto. ¿Qué más?"

Sí, necesitamos la mente, así como el tiempo, para funcionar en este mundo, pero llega un momento en el que se apoderan de nuestra vida y ahí es donde se establecen la disfunción, el dolor y la tristeza.

La mente, para asegurarse el control, busca continuamente cubrir el momento presente con el pasado y el futuro, y así la vitalidad y el potencial infinitamente creativo del Ser, que es inseparable del Ahora, queda cubierto por el tiempo, la verdadera naturaleza queda oscurecida por la mente. Se ha acumulado una carga cada vez más pesada de tiempo en la mente humana. Todos los individuos sufren bajo este peso, pero también siguen aumentándolo a cada momento, siempre que ignoran o niegan el precioso momento o lo reducen a un medio para obtener un momento futuro, que sólo existe en la mente, no en la realidad. La acumulación de tiempo en la mente humana individual y colectiva también carga una gran cantidad de dolor residual del pasado.

Si no quiere crear más dolor para usted y para los demás, si no quiere aumentar más el residuo de sufrimiento pasado que aún vive en usted, no cree más tiempo, o al menos no más del necesario para manejar los aspectos prácticos de su vida. ¿Cómo detener la producción de tiempo? Dése cuenta profundamente de que el momento presente es todo lo que tiene. Haga del Ahora el foco primario de su vida. Mientras que antes usted habitaba en el tiempo y hacía breves visitas al Ahora, establezca su residencia en el Ahora y haga breves visitas al pasado y al futuro cuando se requieran para manejar los asuntos prácticos de la vida. Diga siempre "sí" al momento presente. ¿Qué podría ser más fútil, más demente, que crear resistencia interior a algo que ya es? ¿Qué podría ser más demente que oponerse a la vida misma, que es ahora y siempre ahora? Ríndase a lo que es. Diga "sí" a la vida, y observe cómo esta empieza súbitamente a funcionar *a favor* suyo y no contra usted.

∫

El momento presente a veces es inaceptable, desagradable u horrible.

Es como es. Observe cómo la mente lo etiqueta y cómo este proceso de etiquetado, este continuo permanecer en el juicio, crea dolor e infelicidad. Al observar la mecánica de la mente, usted sale de sus patrones de resistencia y puede entonces *permitir ser al momento presente.* Esto le permitirá probar el estado de libertad interior de las condiciones externas, el estado de la verdadera paz interior. Entonces vea qué ocurre y actúe si es necesario o posible.

Acepte, después actúe. Cualquier cosa que contenga el momento presente, acéptelo como si usted lo hubiera escogido. Trabaje siempre con él, no contra él. Conviértalo en su amigo, en su aliado, no en su enemigo. Esto transformará su vida milagrosamente.

∫

EL SUFRIMIENTO PASADO: DISOLVER EL CUERPO DEL DOLOR

Mientras sea incapaz de acceder al poder del Ahora, cualquier dolor emocional que usted experimente dejará un residuo de sufrimiento que permanecerá en usted. Se funde con el dolor del pasado, que ya estaba allá, y se aloja en su mente y en su cuerpo. Esto, por supuesto, incluye el dolor que sufrió cuando niño, causado por la inconsciencia del mundo en el que nació.

Este dolor acumulado es un campo de energía negativa que ocupa su cuerpo y su mente. Si usted lo considera como una entidad invisible con derecho propio, está bastante cerca de la verdad. Es el cuerpo del dolor emocional. Tiene dos formas de ser: latente y activo. Un cuerpo del dolor puede estar latente el noventa por ciento del tiempo; en una persona profundamente infeliz, sin embargo, puede estar activo hasta el cien por ciento del tiempo. Algunas personas viven casi completamente a través de su cuerpo del dolor, mientras otras pueden experimentarlo solamente en ciertas situaciones, tales como las relaciones íntimas o situaciones ligadas a pérdidas o abandono en el pasado, heridas físicas o emocionales y así sucesivamente. Cualquier cosa puede dispararlo, especialmente si resuena con un patrón de dolor de su pasado. Cuando está listo para despertar de su etapa latente, incluso un pensamiento o un comentario inocente hecho por alguien cercano a usted puede activarlo.

Algunos cuerpos del dolor son molestos, pero relativamente inofensivos, como un niño que no deja de lloriquear, por ejemplo. Otros son monstruos malignos y destructivos, verdaderos demonios. Algunos son violentos físicamente; muchos más lo son emocionalmente. Algunos atacan a las personas que están cerca de usted, otros a usted, que es quien los aloja. Los pensamientos y sentimientos que usted tiene sobre su vida se vuelven entonces profundamente negativos y autodestructivos. Las enfermedades y los accidentes se producen a menudo por eso. Algunos cuerpos del dolor llevan al suicidio a quienes los albergan.

Cuando usted pensaba que conocía a una persona y de repente se enfrenta por primera vez a esa criatura ajena y desagradable, recibe toda una conmoción. Sin embargo es más importante observarla en usted mismo que en otro. Esté atento a cualquier signo de infelicidad en cualquier forma, puede ser el cuerpo del dolor que despierta. Puede tomar la forma de irritación, impaciencia, humor sombrío, un deseo de hacer daño, ira, cólera, depresión, la necesidad de drama en su relación amorosa y así sucesivamente. Atrápelo en el momento en que despierta de su estado latente.

El cuerpo del dolor quiere sobrevivir, simplemente como cualquier otra entidad existente, y sólo puede hacerlo si logra que usted inconscientemente se identifique con él. Entonces puede levantarse, dominarlo a usted, "volverse usted", vivir a través de usted. Necesita obtener su "alimento" a través de usted. Se alimentará de cualquier experiencia que resuene con su propio tipo de energía, cualquier cosa que cree más dolor en alguna forma: rabia, destructividad, odio, tristeza, drama emocional, violencia e incluso enfermedad. Así pues, el cuerpo del dolor, cuando lo ha dominado, crea una situación en su vida que refleja su propia frecuencia de energía para alimentarse de ella. El dolor sólo puede alimentarse de dolor. No puede alimentarse de alegría, ya que la encuentra indigestible.

Una vez que el cuerpo del dolor lo ha dominado, usted quiere más dolor. Se vuelve una víctima o un victimario. Usted quiere infligir dolor, o sufrirlo, o las dos cosas. De hecho no hay mucha diferencia entre ellas. Usted no es consciente de esto, por supuesto, y afirmará vehementemente que no quiere sufrir. Pero observe detenidamente y descubrirá que su pensamiento y su conducta están diseñados para conservar el dolor, en usted mismo y en los demás. Si usted fuera verdaderamente consciente de ello, el patrón se disolvería, porque querer más dolor es demencia y nadie está demente conscientemente.

El cuerpo del dolor, que es la sombra oscura que proyecta el ego, tiene miedo en realidad de la luz de su conciencia. Tiene miedo de que lo descubran. Su supervivencia depende de la identificación inconsciente que usted tiene con él, así como de su miedo inconsciente a enfrentar el dolor que vive en usted. Pero si usted no lo enfrenta, si no trae la luz de su conciencia al dolor, se verá obligado a volverlo a vivir una y otra vez. El cuerpo del dolor puede parecerle un monstruo peligroso que no soporta mirar, pero le aseguro que es un fantasma sin sustancia que no puede prevalecer contra el poder de su presencia.

Algunas enseñanzas espirituales afirman que todo el sufrimiento es en últimas una ilusión, y es verdad. La cuestión es: ¿Es verdad esto para usted? Una mera creencia no lo hace verdad. ¿Quiere experimentar dolor por el resto de su vida y continuar diciendo que es una ilusión? ¿Lo libera esto de él? De lo que se trata aquí es de cómo puede usted *realizar* esta verdad, es decir, hacerla real en su propia experiencia.

Así pues, el cuerpo del dolor no quiere que usted lo observe directamente y lo vea como es. En el momento en que lo observa, en que siente su campo de energía en usted y dirige su atención hacia él, la identificación se rompe. Ha aparecido una dimensión de conciencia más alta. La llamo *presencia*. Ahora usted es testigo u observador del cuerpo del dolor. Esto significa que no puede usarlo ya aparentando ser usted, y ya no puede reaprovisionarse a través de usted. Usted ha encontrado su fuerza interior. Ha accedido al poder del Ahora.

¿Qué le ocurre al cuerpo del dolor cuando nos volvemos suficientemente conscientes como para romper nuestra identificación con él?

La inconsciencia lo crea; la conciencia lo transmuta en el mismo. San Pablo expresa este principio universal bellamente: "Todo se manifiesta al ser expuesto a la luz, y todo lo que se expone a la luz se vuelve luz ello mismo". Así como usted no puede luchar contra la oscuridad, no puede luchar contra el cuerpo del dolor. Intentar hacerlo crearía conflicto interior y por lo tanto más dolor. Observarlo es suficiente. Observarlo implica aceptarlo como parte de lo que *es* en ese momento.

El cuerpo del dolor está constituido por energía vital atrapada que se ha separado de su campo de energía total y se ha vuelto temporalmente autónoma por medio del proceso antinatural de la identificación con la mente. Se ha puesto en funcionamiento a sí misma y se ha convertido en anti-vida, como un animal que trata de devorar su propia cola. ¿Por qué cree usted que nuestra civilización se ha vuelto tan destructora de la vida? Pero incluso las fuerzas destructoras de la vida son energía vital.

Cuando usted empiece a dejar de identificarse y se convierta en el observador, el cuerpo del dolor continuará operando por un tiempo y tratará de engañarlo para que se identifique de nuevo con él. Aunque usted ya no lo está energizando a través de su identificación, mantiene cierto impulso, lo mismo que una rueda que continúa girando por un rato aunque ya no esté siendo impulsada. En esta etapa, puede producir también dolores físicos en diferentes partes del cuerpo, pero no durarán. Permanezca presente, consciente. Sea el guardián alerta de su espacio interior. Necesita estar suficientemente presente para poder observar el cuerpo del dolor directamente y sentir su energía. Entonces este no podrá controlar su pensamiento. En el momento en que su pensamiento esté alineado con el campo de energía del cuerpo del dolor, usted estará identificado con él y alimentándolo de nuevo con sus pensamientos.

Por ejemplo, si la ira es la vibración de energía predominante del cuerpo del dolor y usted tiene pensamientos de ira, entreteniéndose con lo que alguien le hizo a usted o lo que usted le va a hacer, se ha vuelto inconsciente, y el cuerpo del dolor se ha convertido en "usted". Donde hay ira hay siempre dolor bajo ella. O cuando lo invade un humor sombrío y usted empieza a entrar en un patrón mental negativo y a pensar lo terrible que es su vida, su pensamiento se ha alineado con el cuerpo del dolor y usted se ha vuelto inconsciente y vulnerable a su ataque. "Inconsciente", en la forma que uso la palabra aquí, significa estar identificado con algún patrón emocional o mental. Implica una ausencia total del observador.

La atención consciente sostenida corta el lazo entre el cuerpo del dolor y sus procesos de pensamiento y efectúa el proceso de la transmutación. Es como si el dolor se volviera combustible para la llama de su conciencia, que por consiguiente arderá con más brillo. Ese es el significado esotérico del antiguo arte de la alquimia: la transmutación de un metal bajo en oro, del sufrimiento en conciencia. La ruptura interior es curada y usted vuelve a ser completo. Su responsabilidad entonces es no crear más dolor.

Permítame resumir el proceso. Enfoque la atención en el sentimiento que hay dentro de usted. Reconozca que es el cuerpo del dolor. Acepte que está allí. No *piense* en él, no deje que el sentimiento se transforme en pensamiento. No juzgue o analice. No se identifique. Permanezca presente y continúe siendo el observador de lo que está ocurriendo dentro de usted. Vuélvase consciente, no sólo del dolor emocional sino también de "el que observa", el observador silencioso. Ese es el poder del Ahora, el poder de su propia presencia consciente. Vea entonces lo que ocurre.

∫

En muchas mujeres, el cuerpo del dolor se despierta particularmente antes del periodo menstrual. Hablaré de esto y de la razón por la que ocurre con más detalle después. Ahora sólo diré esto: si usted es capaz de estar alerta y presente en ese momento y observar lo que pasa en su interior, en lugar de ser dominada por ello, le proporcionará una oportunidad para la práctica espiritual más poderosa, y se hace posible una rápida transmutación de todo el dolor del pasado.

IDENTIFICACIÓN DEL EGO
CON EL CUERPO DEL DOLOR

El proceso que acabo de describir es profundamente poderoso y, al mismo tiempo, muy simple. Se le podría enseñar a un niño y quizá algún día sea una de las primeras cosas que se enseñen en los colegios. Una vez usted ha aprendido el principio básico de estar presente como un observador de lo que sucede en su interior — y usted lo "comprende" al experimentarlo — tiene a su disposición la más poderosa herramienta para la transformación.

Esto no busca negarle que puede encontrar una gran resistencia interior al tratar de abandonar la identificación con su propio dolor. Este será el caso particularmente si usted se ha identificado con su cuerpo del dolor la mayor parte de su vida y cree que esta ficción creada por la mente es en realidad usted mismo. En ese caso, el miedo inconsciente a perder su identidad creará una fuerte resistencia a cualquier desidentificación. En otras palabras, usted preferirá permanecer en medio del dolor — ser el cuerpo del dolor — que hacer un salto hacia lo desconocido y arriesgarse a perder su yo familiar y desdichado.

Si esto se aplica a usted, observe la resistencia que se da en su interior. Observe su apego al dolor propio. Esté muy alerta. Observe el placer peculiar que se deriva de ser desdichado. Observe la compulsión a hablar al respecto o pensar en él. La resistencia cesará cuando usted la haga consciente. Entonces podrá concentrar su atención en el cuerpo del dolor, estar presente como un testigo e iniciar su transmutación.

Sólo usted puede hacer esto. Nadie puede hacerlo por usted. Pero si usted es lo suficientemente afortunado como para encontrar personas que son intensamente conscientes, si puede estar con ellas y unirse a su estado de presencia, tal eventualidad podría servirle de ayuda y acelerar el transcurso de las cosas. De tal forma, su propia luz se hará rápidamente más fuerte. Cuando un tronco que apenas se ha encendido es puesto junto a otro que ya arde con vehemencia, y son separados luego de un tiempo, el primer tronco quedará ardiendo con mayor intensidad. Después de todo, se trata de un mismo fuego. Convertirse en un fuego tal es una de las funciones de un maestro espiritual. Algunos terapeutas también pueden cumplir esa función, si han ido más allá del nivel de la mente y si pueden crear y mantener un estado de intensa presencia consciente mientras trabajan con usted.

EL ORIGEN DEL MIEDO

Usted mencionó el miedo como parte de nuestro dolor emocional subyacente básico. ¿Cómo surge el miedo y por qué hay tanto en la vida de las personas? ¿Cierta cantidad de miedo podría ser simplemente autoprotección saludable? Si yo no temiera al fuego, podría poner la mano en él y quemarme.

La razón por la que usted no pone la mano en el fuego no es por miedo, es porque sabe que se quemará. No necesita al miedo para evitar el peligro innecesario, sólo un mínimo de inteligencia y de sentido común. Para estos asuntos prácticos es útil aplicar las lecciones aprendidas en el pasado. Ahora bien, si alguien lo *amenazara* con fuego o con violencia física, podría experimentar algo parecido al miedo. Se trata de un retirarse instintivo del peligro, pero no es la condición psicológica del miedo de la que estamos hablando aquí. La condición psicológica del miedo está divorciada de cualquier peligro inmediato concreto y verdadero. Se presenta de muchas formas: incomodidad, preocupación, ansiedad, nerviosismo, tensión, temor, fobia, etcétera. Este tipo de miedo psicológico se refiere siempre a algo que *podría* pasar, no a algo que está ocurriendo ahora. *Usted* está en el aquí y ahora mientras que su mente está en el futuro. Esto crea una brecha de ansiedad. Y si usted está identificado con su mente y ha perdido el contacto con el poder y la simplicidad del Ahora, esta brecha de ansiedad será su compañera constante. Usted puede siempre hacer frente al momento presente, pero no puede manejar algo que es sólo una proyección de la mente, usted no puede hacerle frente al futuro.

Por otra parte, mientras esté identificado con su mente, el ego gobernará su vida, como he señalado antes. Por su naturaleza fantasmal, y a pesar de los elaborados mecanismos de defensa, el ego es muy vulnerable e inseguro, y se ve a sí mismo constantemente amenazado. Ese, a propósito, es el caso incluso si el ego exteriormente aparece muy seguro de sí mismo. Ahora bien, recuerde que una emoción es la reacción del cuerpo a su mente. ¿Qué mensaje del ego está recibiendo el cuerpo continuamente, el falso ser elaborado por la mente? Peligro, estoy amenazado. ¿Y cuál es la emoción que genera este mensaje continuo? Miedo, por supuesto.

El miedo parece tener muchas causas. Miedo a una pérdida, miedo al fracaso, miedo a ser herido, etcétera, pero en últimas el miedo es el miedo del ego a la muerte, a la aniquilación. Para el ego, la muerte está siempre a la vuelta de la esquina. En este estado de identificación con la mente, el miedo a la muerte afecta todos los aspectos de su vida. Por ejemplo, incluso algo aparentemente tan trivial y "normal" como la necesidad compulsiva de tener razón en una discusión y hacer ver que el otro está equivocado — defendiendo la posición mental con la que usted se ha identificado — se debe al miedo a la muerte. Si usted se identifica con una posición mental, en el caso de estar equivocado, su sentido de sí mismo basado en la mente se siente seriamente amenazado con la aniquilación. Así que usted, como el ego, no puede estar equivocado. Estar equivocado es morir. Se han hecho guerras por esto e innumerables relaciones se han roto.

Una vez que usted ha dejado de identificarse con su mente, que tenga o no tenga razón no influye en su sentido de usted mismo para nada, así que la necesidad forzosamente compulsiva y profundamente inconsciente de tener la razón, que es una forma de violencia, no aparecerá. Usted puede establecer clara y firmemente cómo se siente o qué piensa, pero no habrá agresividad o actitud defensiva en ello. Su sentido de sí mismo se derivará entonces de un lugar más auténtico y profundo dentro de usted mismo, no de la mente. Preste atención a cualquier tipo de actitud defensiva en usted. ¿Qué está defendiendo? Una identidad ilusoria, una imagen de su mente, una entidad ficticia. Al hacer consciente ese patrón, al ser testigo de él, usted deja de identificarse con él. Bajo la luz de su conciencia, el patrón inconsciente se disolverá rápidamente. Este es el final de todas las disputas y los juegos de poder, que son tan corrosivos para las relaciones. El poder sobre los demás es debilidad disfrazada de fuerza. El verdadero poder está dentro, y está disponible para usted ahora.

Así que cualquiera que esté identificado con su mente y, por tanto, desconectado de su verdadero poder, de su ser más profundo que se arraiga en el Ser, tendrá al miedo como su compañero constante. El número de personas que han ido más allá de la mente es todavía extremadamente pequeño, así que usted puede asumir que prácticamente todos los que usted conozca o se encuentre viven en un estado de miedo. Lo único que varía es la intensidad del mismo. Fluctúa entre la ansiedad y el terror en un extremo de la escala y una vaga incomodidad y una sensación distante de amenaza en el otro. La mayoría de las personas se hacen conscientes de él sólo cuando adquiere una de sus formas más agudas.

LA BÚSQUEDA DEL EGO DE LA TOTALIDAD

Otro aspecto del dolor emocional que forma parte intrínseca de la mente egotista es una sensación profundamente arraigada de carencia o falta de totalidad, de no estar completo. En algunas personas, esto es consciente, en otras inconsciente. Si es consciente se manifiesta como el sentimiento agitado y constante de no ser valioso o suficientemente bueno. Si es inconsciente, sólo se sentirá indirectamente como un intenso anhelo, deseo y necesidad. En cualquiera de los dos casos, las personas se embarcan a menudo en una persecución compulsiva de gratificaciones para el ego y de cosas con las cuales identificarse para llenar el vacío que sienten dentro. Así, se esfuerzan por perseguir posesiones, dinero, éxito, poder, reconocimiento o una relación especial, básicamente con el fin de sentirse mejor consigo mismos, de sentirse completos. Pero incluso cuando alcanzan todas esas cosas, descubren pronto que el vacío está todavía allí, que no tiene fondo. Entonces están realmente en problemas, porque no pueden engañarse más a sí mismos. Bueno, pueden y lo hacen, pero se vuelve más difícil.

Mientras la mente egotista esté gobernado su vida, usted no puede estar verdaderamente en paz; usted no puede estar en paz y realizado excepto por breves intervalos cuando obtuvo lo que quería, cuando un anhelo acaba de ser cumplido. Puesto que el ego es un sentido de sí mismo derivado, necesita identificarse con cosas externas. Necesita ser defendido y alimentado constantemente. Las identificaciones del ego más comunes tienen que ver con las posesiones, el trabajo que uno hace, el nivel social y el reconocimiento, el conocimiento y la educación, la apariencia física, las habilidades especiales, las relaciones, la historia personal y familiar, los sistemas de creencias y también a menudo identificaciones políticas, nacionalistas, raciales, religiosas y otras de carácter colectivo. Ninguna de ellas es usted.

¿Encuentra esto aterrador? ¿O es un alivio saberlo? A todo esto tendrá que renunciar tarde o temprano. Quizá lo encuentra todavía difícil de creer y realmente no le pido que *crea* que su identidad no puede encontrarse en ninguna de estas cosas. Usted *sabrá* la verdad de ello por usted mismo. Usted lo sabrá por tarde cuando sienta que la muerte se acerca. La muerte es desnudarse de todo lo que no es usted. El secreto de la vida es "morir antes de morir" y descubrir que no hay muerte.

CAPÍTULO TRES

AVANZAR PROFUNDAMENTE HACIA EL AHORA

NO BUSQUE SU PROPIO SER EN LA MENTE

Siento que hay aún mucho que necesito aprender sobre la forma como trabaja mi mente antes de llegar a un punto cercano a la conciencia plena o a la iluminación espiritual.

No, no es cierto. Los problemas de la mente no pueden resolverse en el nivel de la mente. Una vez haya entendido la disfunción básica, no hay realmente mucho más que usted necesite aprender o entender. Estudiar las complejidades de la mente puede convertirlo en un buen psicólogo, pero eso no lo llevará más allá de la mente, lo mismo que el estudio de la locura no es suficiente para producir la cordura. Usted ya ha comprendido la mecánica básica del estado inconsciente: la identificación con la mente, que produce un falso ser, el ego, como sustituto de su verdadero yo, arraigado en el Ser. Usted se convierte en una "rama separada de la vid" como Jesús lo expresa.

Las necesidades del ego son infinitas. Se siente vulnerable y amenazado y por lo tanto vive en un estado de miedo y de carencia. Una vez que usted sabe cómo opera la disfunción básica, no hay necesidad de explorar todas sus innumerables manifestaciones, no es necesario convertirlo en un complejo problema personal. Al ego, por supuesto, le encanta eso. Siempre está buscando algo a que agarrarse para sostener y fortalecer su ilusorio sentido de identidad, y se aferrará con gusto a sus problemas. Por eso, para tantas personas, una gran parte de su sentido de sí mismas está íntimamente conectado con sus problemas. Una vez que esto ha ocurrido, lo último que quieren es liberarse de ellos: eso significaría pérdida de identidad. Puede haber una gran inversión inconsciente de ego en el dolor y el sufrimiento.

Así que una vez que usted reconozca la raíz de la inconsciencia como la identificación con la mente, que por supuesto incluye las emociones, usted puede salir de ella. Se vuelve *presente*. Cuando usted está presente, puede permitir que la mente sea como es sin enredarse en ella. La mente en sí no es disfuncional. Es una herramienta maravillosa. La disfunción se establece cuando usted busca su identidad en ella y la confunde con lo que usted es. Entonces se convierte en la mente egotista y domina la totalidad de su vida.

TERMINAR CON LA ILUSIÓN DEL TIEMPO

Parece casi imposible dejar de identificarse con la mente. Estamos todos inmersos en ella. ¿Cómo se puede enseñar a volar a un pez?

Aquí está la clave. Termine con la ilusión del tiempo. El tiempo y la mente son inseparables. Separe el tiempo de la mente y esta se detendrá, a menos que escoja usarla.

Estar identificado con su mente es estar atrapado en el tiempo: la compulsión de vivir casi exclusivamente a través de la memoria y de la anticipación. Esto crea una preocupación interminable con el pasado y el futuro y una negativa a reconocer y honrar el momento presente y a *permitir que sea.* La compulsión surge porque el pasado le da a usted una identidad y el futuro contiene la promesa de la salvación o la realización en cualquier forma. Ambas son ilusiones.

Pero sin un sentido del tiempo, ¿cómo funcionaríamos en este mundo? No habría metas por las cuales esforzarse. No sabría siquiera quién soy, porque mi pasado me hace el que soy ahora. Creo que el tiempo es algo muy precioso, y necesitamos aprender a usarlo sabiamente, en lugar de desperdiciarlo.

El tiempo no es en absoluto precioso, porque es una ilusión. Lo que usted percibe como precioso no es el tiempo sino el único punto que está fuera del tiempo: el Ahora. Este es ciertamente precioso. Cuanto más se enfoque en el tiempo — pasado y futuro — más pierde el Ahora, lo más precioso que hay.

¿Por qué es lo más precioso? En primer lugar, porque es lo *único.* Es todo lo que hay. El presente eterno es el espacio en que se despliega la totalidad de su vida, el único factor que se mantiene constante. La vida es ahora. No ha habido nunca un momento en el que su vida *no* fuera Ahora, ni lo habrá. En segundo lugar, el Ahora es el único punto que puede llevarlo más allá de los confines limitados de la mente. Es su único punto de acceso al reino sin tiempo y sin forma del Ser.

∫

NADA EXISTE FUERA DEL AHORA

¿El pasado y el futuro no son tan reales como el presente, y a veces incluso todavía más reales? Después de todo, el pasado determina quiénes somos, lo mismo que cómo percibimos y actuamos en el presente. Y nuestras metas futuras determinan qué acciones emprendemos en el presente.

Usted no ha captado todavía la esencia de lo que estoy diciendo porque está tratando de entenderlo mentalmente. La mente no puede entender esto. Sólo usted puede. Por favor, simplemente escuche. ¿Alguna vez ha experimentado, hecho, pensado o sentido algo fuera del Ahora? ¿Cree que alguna vez lo hará? ¿Es posible que cualquier cosa ocurra o *sea* fuera del Ahora? La respuesta es obvia ¿no?

Nunca nada ocurrió en el pasado, ocurrió en el Ahora.

Nunca ocurrirá nada en el futuro; ocurrirá en el Ahora

Lo que usted considera el pasado es una huella de la memoria almacenada en la mente de un Ahora anterior. Cuando usted recuerda el pasado, reactiva una huella de la memoria, y lo hace *ahora*. El futuro es un Ahora imaginado, una proyección de la mente. Cuando llega el futuro, llega como el Ahora. Cuando usted piensa en el futuro, lo hace ahora. El pasado y el futuro obviamente no tienen realidad propia. Lo mismo que la luna no tiene luz propia, sino que puede solamente reflejar la luz del sol, así el pasado y el futuro son sólo pálidos reflejos de la luz, el poder y la realidad del presente eterno. Su realidad es "prestada" del Ahora.

La esencia de lo que estoy diciendo no puede ser entendida

por la mente. En el momento en que usted la capta, hay un cambio en la conciencia de la mente al Ser, del tiempo a la presencia. Súbitamente, todo se siente vivo, irradia energía, emana Ser.

∫

LA CLAVE DE LA DIMENSIÓN ESPIRITUAL

En situaciones de emergencia que amenazan la vida, el cambio en la conciencia del tiempo a la presencia ocurre a veces naturalmente. La personalidad que tiene un pasado y un futuro se retira momentáneamente y queda reemplazada por una intensa presencia consciente, muy calmada, pero muy alerta al mismo tiempo. Cualquier reacción que se requiera surge entonces del estado de conciencia.

La razón por la que a algunas personas les encanta embarcarse en actividades peligrosas, como el montañismo, las carreras de autos u otras, aunque puede que no sean conscientes de ello, es que los fuerzan a entrar en el Ahora, ese estado intensamente vívido que está libre del tiempo, libre de problemas, libre del pensamiento, libre del peso de la personalidad. Resbalar fuera del momento presente, siquiera por un segundo, puede significar la muerte. Desafortunadamente, llegan a depender de una actividad particular para estar en ese estado. Pero usted no necesita escalar la cara norte del Eiger. Puede entrar en ese estado ahora.

∫

Desde los tiempos antiguos, los maestros espirituales de todas las tradiciones han señalado al Ahora como la llave de entrada a la dimensión espiritual. A pesar de ello, parece haber permanecido como un secreto. Ciertamente no se enseña en las iglesias y los templos. Si usted va a una iglesia, puede escuchar lecturas de los Evangelios tales como "No se preocupen por el día de mañana, porque cada día trae sus preocupaciones" o "Nadie que pone sus manos en el arado y *mira hacia atrás* está listo para el Reino de los Cielos". O puede oír el pasaje sobre la belleza de las flores que no se preocupan por el mañana sino que viven tranquilas en el Ahora sin tiempo y Dios provee abundantemente para ellas. La profundidad y la naturaleza radical de estas enseñanzas no son reconocidas. Nadie parece darse cuenta de que fueron dichas para ser vividas y para traer así una profunda transformación interior.

∫

Toda la esencia del Zen consiste en caminar por el filo de la navaja del Ahora, en estar tan absolutamente, tan completamente *presente*, que ningún problema, ningún sufrimiento, nada que no sea *quién es usted* en su esencia, pueda sobrevivir en usted. En el Ahora, en la ausencia del tiempo, todos sus problemas se disuelven. El sufrimiento necesita del tiempo; no puede sobrevivir en el Ahora.

El gran maestro de Zen, Rinzai, para apartar la atención de sus alumnos del tiempo, levantaba su dedo y preguntaba lentamente: "¿Qué falta en este momento?" Una pregunta poderosa que no necesita respuesta en el nivel de la mente. Tiene la intención de llevar su atención profundamente al Ahora. Una pregunta similar en la tradición Zen es esta: "Si no ahora ¿cuándo?"

∫

El Ahora es también fundamental en la enseñanza del sufismo, la rama mística del Islam. Los sufís tienen un dicho: "El sufí es el hijo del tiempo presente". Y Rumi, el gran poeta y maestro del sufismo, declara: "El pasado y el futuro ocultan a Dios de nuestra mirada; quémalos con fuego".

Meister Eckhart, el maestro espiritual del siglo XIII, lo sintetizó maravillosamente: "El tiempo es lo que impide que la luz llegue a nosotros. No hay mayor obstáculo hacia Dios que el tiempo".

∫

ACCEDER AL PODER DEL AHORA

Hace un momento, cuando usted habló del presente eterno y de la irrealidad del pasado y del futuro, me sorprendí mirando al árbol que está allá afuera. Lo había mirado unas cuantas veces antes, pero esta vez era diferente. La percepción externa no había cambiado mucho, excepto que los colores parecían más brillantes y vibrantes. Pero ahora tenía una nueva dimensión. Es difícil de explicar. No sé cómo, pero era consciente de algo invisible que sentía que era la esencia de ese árbol, su espíritu interior, si se quiere. Y de alguna forma yo era parte de eso. Me doy cuenta ahora de que no había visto verdaderamente el árbol antes, sólo una imagen plana y muerta de él. Cuando miro a ese árbol ahora, aún está presente algo de esa conciencia, pero puedo sentir cómo se está desvaneciendo. Es decir, la experiencia está ya retirándose al pasado. ¿Algo como esto puede ser alguna vez más que un atisbo fugitivo?

Usted estuvo libre del tiempo por un momento. Se movió en el Ahora y por lo tanto percibió el árbol sin la pantalla de la mente. La conciencia del Ser formó parte de su percepción. Con la dimensión intemporal viene una forma diferente de conocer, que no "mata" el espíritu que vive en cada criatura y en cada cosa. Un conocer que no destruye la sacralidad y el misterio de la vida sino que contiene un amor profundo y una reverencia por todo lo que *es*. Un conocimiento del que la mente no sabe nada.

La mente no puede conocer al árbol. Sólo puede conocer hechos o información *sobre* el árbol. Mi mente no puede conocerlo a *usted*, sólo etiquetas, juicios, hechos y opiniones *sobre* usted. Sólo el Ser conoce directamente.

Hay un lugar para la mente y el conocimiento de la mente. Está en el reino práctico del vivir día a día. Sin embargo, cuando domina todos los aspectos de su vida, incluyendo sus relaciones con los demás seres humanos y con la naturaleza, se vuelve un parásito monstruoso que, si no se controla, puede perfectamente acabar matando toda la vida en el planeta y finalmente a sí mismo al matar a quien lo alberga.

Usted ha tenido un destello de cómo la ausencia de tiempo puede transformar sus percepciones. Pero una experiencia no es suficiente, no importa cuán bella o profunda sea. Lo que se necesita y a lo que nos referimos es a un cambio permanente en la conciencia.

Así pues, rompa el viejo patrón de la negación del momento presente y de la resistencia al presente. Convierta en práctica retirar la atención del pasado y el futuro cuando no los necesite.

Salga de la dimensión del tiempo lo más posible en la vida diaria. Si encuentra difícil entrar en el Ahora directamente, empiece por observar la tendencia habitual de su mente a querer escapar del Ahora. Observará que el futuro se imagina habitualmente como mejor o peor que el presente. Si el futuro imaginado es mejor, le da placer o anticipación placentera. Si es peor, crea ansiedad. Ambos son ilusorios. A través de la observación de sí mismo, automáticamente aparece más *presencia* en su vida. En el momento en que usted se da cuenta de que no está presente, usted *está* presente. Siempre que es capaz de observar su mente, deja de estar atrapado en ella. Ha entrado otro factor, algo que no es de la mente: la presencia testigo.

Esté presente como el observador de su mente, de sus pensamientos y emociones así como de sus reacciones en las distintas situaciones. Esté al menos interesado en sus reacciones así como en la situación o la persona que lo hace reaccionar. Fíjese también en la frecuencia con que su atención está en el pasado o en el futuro. No juzgue o analice lo que observa. Observe el pensamiento, sienta la emoción, observe la reacción. No los convierta en un problema personal. Sentirá entonces algo más poderoso que cualquiera de las cosas que observa: la presencia tranquila, observadora que está más allá del contenido de la mente, el observador silencioso.

∫

Se necesita presencia intensa cuando ciertas situaciones disparan una reacción con fuerte carga emocional, como cuando su autoimagen es amenazada, cuando surge una amenaza en su vida que dispara el miedo, cuando las cosas "van mal" o surge un complejo emocional del pasado. En esos casos la tendencia es que usted se vuelva "inconsciente". La reacción o la emoción lo domina, usted "se convierte" en ella. Usted la representa. Usted justifica, quita la razón al otro, ataca, defiende... claro que no es usted, es su patrón de reacción, la mente en su modo habitual de supervivencia.

La identificación con la mente le da a ella más energía, la observación se la retira. La identificación con la mente crea más tiempo, la observación abre la dimensión de la ausencia de tiempo. La energía que se retira de la mente se convierte en presencia. Una vez que usted pueda sentir lo que significa estar presente, se vuelve mucho más sencillo simplemente escoger salir de la dimensión del tiempo siempre que no es necesario para propósitos prácticos y trasladarse más profundamente al Ahora. Esto no impide su habilidad para usar su mente. De hecho, la realza. Cuando usted use su mente será más aguda, más centrada.

DEJAR IR EL TIEMPO PSICOLÓGICO

Aprenda a usar el tiempo en los aspectos prácticos de la vida — podemos llamar a esto el tiempo del reloj — pero vuelva inmediatamente a la conciencia del momento presente cuando esos asuntos prácticos se hayan resuelto. De esa forma no habrá acumulación de "tiempo psicológico", que es identificación con el pasado y proyección compulsiva y continua hacia el futuro.

El tiempo del reloj no se refiere únicamente a hacer una cita o a planear un viaje. Incluye aprender del pasado de forma que no repitamos los mismos errores una y otra vez; establecer metas y trabajar para lograrlas; predecir el futuro por medio de patrones y de leyes, físicas, matemáticas, etcétera, aprendidas del pasado.

También actuar apropiadamente con base en nuestras predicciones.

Pero incluso aquí, en la esfera de nuestra vida práctica, donde no podemos pasar sin referirnos al pasado y al futuro, el momento presente sigue siendo el factor esencial. Cualquier lección del pasado se hace relevante y se aplica *ahora*. Cualquier planeación y trabajo hecho con miras a lograr una meta particular se hace *ahora*.

El principal foco de atención de la persona iluminada es siempre el Ahora, pero aún es consciente periféricamente del tiempo. En otras palabras, continúa usando el tiempo del reloj, pero está libre del tiempo psicológico.

Esté alerta cuando practica esto para que no transforme sin querer el tiempo del reloj en tiempo psicológico. Por ejemplo, si usted cometió un error en el pasado y aprende de él ahora, usted está usando el tiempo del reloj. Por otra parte, si usted se queda mentalmente en él y surgen la autocrítica, el remordimiento o la culpa está convirtiendo el error en "mí" y "mío": lo convierte en parte de su sentido de identidad y se ha convertido en tiempo psicológico, que está siempre ligado a un falso sentido de identidad. La falta de perdón implica necesariamente una carga pesada de tiempo psicológico.

Si usted se propone una meta y trabaja para lograrla, usted está usando el tiempo del reloj. Usted es consciente de a dónde quiere llegar, pero honra y da su mayor atención al paso que está dando en ese momento. Si se enfoca excesivamente en la meta, quizá porque está buscando la felicidad, la realización o un sentido más completo de sí mismo en ella, ya no honra el Ahora. Se queda reducido a un peldaño hacia el futuro, sin valor intrínseco. El tiempo del reloj se vuelve entonces tiempo psicológico. El viaje de su vida no es ya una aventura, solamente una necesidad obsesiva de llegar, de lograr, de "conseguirlo". Ya no ve o huele las flores del camino tampoco, ni es consciente de la belleza y el milagro de la vida que se despliega a su alrededor cuando está presente en el Ahora.

∫

Puedo ver la importancia suprema del Ahora, pero no comprendo completamente cuando dice que el tiempo es una ilusión.

Cuando digo "el tiempo es una ilusión" mi intención no es hacer una afirmación filosófica. Sólo estoy recordándole un hecho sencillo — un hecho tan obvio que puede resultarle difícil de comprender y que incluso puede parecerle falto de sentido — pero una vez que lo comprende completamente, puede cortar como una espada todas las capas de complejidad y de "problemas" creadas por la mente. Permítame decirle de nuevo: el momento presente es todo lo que usted tiene. No hay nunca un tiempo en que su vida no sea "este momento". ¿No es eso un hecho?

LA LOCURA DEL TIEMPO PSICOLÓGICO

Usted no pondrá en duda que el tiempo psicológico es una enfermedad mental si observa sus manifestaciones colectivas. Ocurren, por ejemplo, en forma de ideologías tales como el comunismo, el nacional socialismo o cualquier otro nacionalismo, o sistemas rígidos de creencias religiosas, que operan bajo la asunción implícita de que el mayor bien está en el futuro y de que por tanto el fin justifica los medios. El fin es una idea, un punto en el futuro proyectado por la mente, en el que la salvación en cualquiera de sus formas — felicidad, logro, igualdad, liberación, etcétera — se alcanzará. Frecuentemente los medios para llegar a ello son la esclavitud, la tortura y el asesinato de personas en el presente.

Por ejemplo, se estima que para promover la causa del comunismo se asesinaron unos cincuenta millones de personas, para lograr un "mundo mejor" en Rusia, China y otros países[2]. Ese es un ejemplo estremecedor de cómo creer en un cielo futuro produce un infierno presente. ¿Puede haber alguna duda de que el tiempo psicológico es una enfermedad mental grave y peligrosa?

¿Cómo opera este patrón mental en su vida? ¿Está usted tratando siempre de llegar a un sitio diferente de donde está? ¿La mayor parte de lo que hace es sólo un medio para lograr un fin? ¿La realización está siempre a la vuelta de la esquina o reducida a placeres esporádicos como el sexo, la comida, la bebida, las drogas o las diversiones excitantes o emocionantes? ¿Está siempre concentrado en alcanzar o perseguir algún placer o emoción nuevos? ¿Cree que si compra más cosas se sentirá más realizado, más satisfecho o completo psicológicamente? ¿Espera a un hombre o una mujer que le dé sentido a su vida?

En el estado normal de conciencia, identificado con la mente o no iluminado, el poder y el potencial creativo infinito que se encuentra encerrado en el Ahora están completamente oscurecidos por el tiempo psicológico. Su vida entonces disminuye su vibración, su frescura, su sentido de maravilla. Los viejos patrones de pensamiento, emoción, conducta, reacción y deseo se repi-

---

[2]   Z. Brzezinski, *The Grand Failure* (Charles Scribner's Sons, Nueva York 1989), pp 239-240.

ten en actuaciones interminables, son un guión en su mente que le da identidad parcial, pero que distorsiona u oculta la realidad del Ahora. La mente entonces crea una obsesión con el futuro como escape de un presente insatisfactorio.

LA NEGATIVIDAD Y EL SUFRIMIENTO TIENEN SUS RAÍCES EN EL TIEMPO

Pero la creencia de que el futuro será mejor que el presente no es siempre una ilusión. El presente puede ser espantoso, las cosas pueden mejorar en el futuro y a menudo lo hacen.

Habitualmente, el futuro es una réplica del pasado. Son posibles algunos cambios superficiales, pero la transformación *real* es rara y depende de si usted puede volverse suficientemente presente como para disolver el pasado entrando al poder del Ahora. Lo que usted percibe como futuro es una parte intrínseca de su estado de conciencia ahora. Si su mente lleva una carga pesada de pasado, experimentará más de lo mismo. El pasado se perpetúa a sí mismo por medio de la falta de presencia. La calidad de su conciencia en este momento es lo que agudiza el futuro, que por supuesto sólo puede experimentarse como el Ahora.

Usted puede ganar diez millones de dólares, pero ese cambio no tiene más que una profundidad superficial. Simplemente continuaría actuando según los mismos patrones condicionados en contextos más lujosos. Los humanos han aprendido a dividir el átomo. En lugar de matar diez o veinte personas con una maza de madera, una persona puede matar ahora a un millón simplemente apretando un botón. ¿Es esto un cambio *real*?

Si la calidad de su conciencia en este momento es lo que

determina el futuro, ¿entonces qué determina la calidad de su conciencia? Su grado de presencia. El único lugar donde puede ocurrir un verdadero cambio y donde puede ser disuelto el pasado es en el Ahora.

∫

Toda la negatividad es causada por una acumulación de tiempo psicológico y por la negación del presente. La incomodidad, la ansiedad, el estrés, la preocupación — todas las formas del miedo — son causadas por exceso de futuro y demasiado poca presencia. La culpa, las lamentaciones, el resentimiento, las quejas, la tristeza, la amargura y todas las formas de falta de perdón son causadas por exceso de pasado y falta de presencia.

La mayoría de las personas encuentran difícil creer que es posible un estado de conciencia totalmente libre de negatividad. Y sin embargo ese es el estado liberado al que apuntan todas las enseñanzas espirituales. Es la promesa de la salvación, no en un futuro ilusorio sino justamente aquí y ahora.

Usted puede encontrar difícil reconocer que el tiempo es la causa de sus sufrimientos o problemas. Cree que los causan situaciones específicas de su vida, y vistos desde un punto de vista convencional, eso es verdad. Pero hasta que solucione la disfunción básica de la mente que causa todos los problemas — su apego al pasado y al futuro y su negación del presente —, estos son en realidad intercambiables. Si todos sus problemas o lo que percibe como causas de sufrimiento o de infelicidad desaparecieran milagrosamente hoy, pero usted no se hubiera vuelto más presente, más consciente, pronto volvería a encontrarse dentro de una serie de problemas o de causas de un sufrimiento similar, como una sombra que lo sigue a dondequiera que va. En últimas, sólo hay un problema: la mente misma atada al tiempo.

No puedo creer que pueda llegar a un punto en el que esté completamente libre de mis problemas.

Tiene razón. No puede *alcanzar* nunca ese punto porque *está ahora* en él.

No hay salvación en el tiempo. Usted no puede ser libre en el futuro. La presencia es la llave hacia la libertad, así que sólo puede ser libre ahora.

ENCONTRAR LA VIDA QUE HAY OCULTA EN SU SITUACIÓN VITAL

No veo cómo puedo ser libre ahora. Tal como están las cosas, estoy muy descontento con mi vida actual. Ese es un hecho y estaría engañándome a mí mismo si tratara de convencerme de que todo está bien cuando definitivamente no lo está. Para mí, el momento presente es muy infeliz; no es liberador en absoluto. Lo que me mantiene en la marcha es la esperanza o la posibilidad de algún progreso en el futuro.

Usted cree que su atención está en el momento presente cuando en realidad está completamente ocupada por el tiempo. Usted no puede ser al mismo tiempo infeliz y completamente presente en el Ahora.

A lo que usted se refiere como "su vida" debería llamarse con más exactitud su "situación vital". Es tiempo psicológico: pasado y futuro. Algunas cosas en el pasado no salieron como usted quería. Usted aún se resiste contra lo que ocurrió en el pasado y ahora se está resistiendo a lo que *es*. La esperanza es lo que lo mantiene en marcha, pero la esperanza lo mantiene concentrado en el futuro y este enfoque continuo perpetúa su negación del ahora y por tanto su infelicidad.

Es verdad que mi situación vital presente es el resultado de cosas que ocurrieron en el pasado, pero de todas formas es mi situación presente y lo que me hace infeliz es estar atascado en ella.

Olvide su situación vital por un rato y preste atención a su vida.

¿Cuál es la diferencia?

Su situación vital existe en el tiempo.
Su vida es ahora.
Su situación vital es material de la mente.
Su vida es real.
Encuentre la "puerta estrecha que conduce a la vida". Se llama el Ahora. Reduzca su vida a este momento. Su situación vital puede estar llena de problemas — la mayoría de ellas lo están — pero descubra si tiene algún problema en este momento. No mañana o dentro de diez minutos, sino ahora. ¿Tiene algún problema ahora?

Cuando usted está lleno de problemas, no hay espacio para que entre algo nuevo, no hay espacio para las soluciones. Así que siempre que pueda, abra algo de espacio, para que pueda descubrir la vida que hay oculta en su situación vital.

Use sus sentidos plenamente. Esté donde está. Mire a su alrededor. Mire solamente, no interprete. Vea la luz, las formas, los colores, las texturas. Sea consciente del espacio que permite que todo sea. Escuche los sonidos; no los juzgue. Escuche el silencio que hay bajo los sonidos. Toque algo — cualquier cosa — y sienta y reconozca su Ser. Observe el ritmo de su respiración, sienta el aire que fluye hacia adentro y hacia fuera, sienta la energía de la vida dentro de su cuerpo. Deje que todo sea dentro y fuera. Permita la condición de ser de todas las cosas. Avance profundamente hacia el Ahora.

Usted está dejando atrás el mundo mortal de la abstracción mental, del tiempo. Usted está librándose de la mente loca que le drena la energía vital, y que está envenenando y destruyendo lentamente a la Tierra. Usted está despertando del sueño del tiempo al presente.

∫

TODOS LOS PROBLEMAS
SON ILUSIONES DE LA MENTE

Siento como si me hubiera quitado un peso de encima. Una sensación de levedad. Me siento claro... pero mis problemas están todavía aquí esperándome, ¿no es cierto? No se han resuelto. ¿No estoy evadiéndolos sólo temporalmente?

Si usted se encontrara en el paraíso no pasaría mucho tiempo sin que su mente dijera "sí, pero..." En últimas, no se trata de resolver sus problemas. Se trata de darse cuenta de que *no hay* problemas. Sólo situaciones que manejar o que dejar así y aceptar como parte de la condición de ser del momento presente hasta que cambien o se puedan manejar. Los problemas son creados por la mente y necesitan el tiempo para sobrevivir. No pueden sobrevivir en la actualidad del Ahora.

Concentre su atención en el Ahora y dígame qué problema tiene en este momento.

$$\int$$

No recibo ninguna respuesta porque es imposible tener un problema cuando su atención está completamente en el Ahora. Una situación que debe manejarse o aceptarse, sí. ¿Por qué convertirla en un problema? ¿Por qué convertir cualquier cosa en un problema? ¿No es la vida un reto suficiente como es? ¿Para qué necesita los problemas? A la mente le encantan inconscientemente los problemas porque le dan a uno una suerte de identidad. Eso es normal y demente. "Problema" significa que usted se detiene en una situación mentalmente sin que haya una verdadera intención o posibilidad de actuar ahora y que usted inconscientemente lo está convirtiendo en parte de su sentido de identidad. Usted se siente tan abrumado por su situación vital que pierde su sentido de la vida, del Ser. O carga en su mente el peso absurdo de mil cosas que tiene o tendría que hacer en el futuro en lugar de enfocar su atención en la única que *puede* hacer ahora.

Cuando usted crea un problema, crea dolor. Todo lo que se necesita es una simple elección, una simple decisión: no importa lo que pase, no crearé más dolor para mí mismo. No crearé más problemas. Aunque es una decisión sencilla, también es muy radical. Usted no tomará esa decisión a menos que esté verdaderamente cansado. Y no será capaz de llevarla a cabo a menos que acceda al poder del Ahora. Si usted no crea más dolor para sí mismo, no lo crea para los demás. Tampoco contamina esta hermosa Tierra, ni su propio espacio interior, ni a la psique humana colectiva con la negatividad de la fabricación de problemas.

∫

Si usted ha estado alguna vez en una situación de vida o muerte, sabrá que no era un problema. La mente no tuvo tiempo de tontear y convertirla en un problema. En una verdadera emergencia, la mente se detiene; usted se hace completamente presente en el Ahora y algo infinitamente más poderoso toma el control. Por eso hay muchos informes de personas comunes y corrientes que repentinamente son capaces de actos increíblemente valerosos. En cualquier emergencia, o usted sobrevive o no. En cualquier caso, no es un problema.

Algunas personas se enfadan cuando me oyen decir que los problemas son una ilusión. Estoy amenazando con arrebatarles su sentido de quiénes son. Han invertido mucho tiempo en un falso sentido de identidad. Durante muchos años, han definido inconscientemente toda su identidad en términos de sus problemas o de su sufrimiento. ¿Qué serían sin ellos?

Mucho de lo que la gente dice, piensa o hace está motivado en realidad por el miedo, que por supuesto siempre está ligado con enfocarse en el futuro y no estar en contacto con el Ahora. Puesto que en el Ahora no hay problemas, tampoco hay miedo.

Si surgiera una situación que usted debe solucionar ahora, su acción será clara e incisiva si surge de la conciencia del momento presente. También es más probable que sea efectiva. No será una reacción que surge del condicionamiento pasado de su mente sino una respuesta intuitiva a la situación. En otros casos, si la mente ligada al tiempo hubiera reaccionado, usted encontraría más efectivo no hacer nada, simplemente permanecer concentrado en el Ahora.

UN SALTO CUÁNTICO EN LA EVOLUCIÓN DE LA CONCIENCIA

He tenido atisbos de este estado de libertad de la mente y del tiempo que usted describe, pero el pasado y el futuro son tan abrumadoramente fuertes que no puedo mantenerlos fuera por mucho tiempo.

El modo de la conciencia ligado al tiempo está profundamente incrustado en la psique humana. Pero lo que estamos haciendo aquí es parte de una transformación profunda que tiene lugar en la conciencia colectiva del planeta y más allá: el despertar de la conciencia del sueño de la materia, la forma y la separación. El fin del tiempo. Estamos rompiendo patrones mentales que han dominado la vida humana durante millones de años. Patrones mentales que han creado un sufrimiento inimaginable a gran escala. No estoy usando la palabra maldad. Es más útil llamarlo inconsciencia o locura.

Esta ruptura del viejo modo de la conciencia, o más bien de la inconsciencia, ¿es algo que tenemos que hacer o que ocurrirá de todos modos? Quiero decir ¿ese cambio es inevitable?

Eso es cuestión de perspectiva. Hacer y ocurrir son de hecho un mismo proceso; puesto que usted es uno con la totalidad de la conciencia, no puede separar las dos cosas. Pero no hay garantía absoluta de que los humanos lo hagan. El proceso no es inevitable o automático. Su cooperación es parte esencial de ello. De cualquier modo que lo mire, es un salto cuántico en la evolución de la conciencia, así como nuestra única oportunidad de supervivencia como raza.

LA ALEGRÍA DE SER

Para alertarse de que ha sido dominado por el tiempo psicológico, usted puede usar un criterio sencillo. Pregúntese a sí mismo: ¿Hay alegría, facilidad y liviandad en lo que hago? Si no las hay, entonces el tiempo está ocultando el momento presente, y la vida se percibe como una carga o un esfuerzo.

Si no hay alegría, facilidad o liviandad en lo que hace, no significa necesariamente que usted debe cambiar *lo que* hace. Puede ser suficiente cambiar el *cómo*. "Cómo" es siempre más importante que "qué". Vea si puede darle mucha más atención al *proceso de hacer* que al resultado de lo que quiere lograr con ello. Preste su atención más plena a cualquier cosa que presente el momento. Eso implica que usted acepta también lo que *es*, porque usted no puede prestar completa atención a algo y al mismo tiempo resistirse a ello.

En cuanto honre el momento presente, toda la infelicidad y el esfuerzo se disuelven y la vida empieza a fluir con alegría y facilidad. Cuando usted actúa desde la conciencia del momento presente, cualquier cosa que haga queda imbuida de un sentido de calidad, cuidado y amor, incluso la acción más sencilla.

∫

Así que no se preocupe por el fruto de sus acciones, simplemente preste atención a la acción en sí misma. El fruto vendrá por añadidura. Esa es una poderosa práctica espiritual. En el *Bhagavad Gita*, una de las enseñanzas espirituales más antiguas y hermosas que existen, el desapego del fruto de la acción recibe el nombre de *Karma Yoga*. Se describe como el camino de la "acción consagrada".

Cuando cesa el forcejeo por huir del Ahora, la alegría de Ser fluye en todo lo que usted hace. En el momento en que su atención se vuelve al Ahora, usted siente una presencia, una quietud, una paz. Deja de depender del futuro para la realización y la satisfacción, no mira hacia él para la salvación. Por lo tanto, no está apegado a los resultados. Ni el fracaso ni el éxito tienen el poder de cambiar su estado interior de Ser. Usted ha encontrado la vida que hay oculta en su situación vital.

En ausencia del tiempo psicológico, su sentido de usted mismo se deriva de Ser, no de su pasado personal. Por lo tanto, la necesidad psicológica de convertirse en algo diferente de lo que es ahora, ya no existe. En el mundo, en el nivel de su situación vital, usted puede realmente volverse rico, instruido, exitoso, libre de esto o de aquello, pero en la dimensión más profunda del Ser usted es completo y un todo *ahora*.

¿En ese estado de plenitud todavía podremos o desearemos perseguir metas externas?

Por supuesto, pero no tendrá expectativas ilusorias de que algo o alguien en el futuro lo salvará o lo hará feliz. En lo concerniente a su situación vital, puede haber cosas que quiera alcanzar o adquirir. Este es el mundo de las formas, de la pérdida y la ganancia.

Sin embargo en un nivel más profundo usted ya está completo, y cuando se da cuenta de eso hay una energía juguetona, gozosa, detrás de lo que hace. Al estar libre del tiempo psicológico, usted ya no persigue sus metas con determinación inflexible, manejado por el miedo, la ira, el descontento o la necesidad de convertirse en alguien. Ni se quedará inactivo por el miedo al fracaso, lo que para el ego es la pérdida de sí mismo. Cuando su sentido más profundo de usted mismo deriva de Ser, cuando usted está libre de "llegar a ser" como una necesidad psicológica, ni su felicidad ni su sentido de usted mismo dependen del resultado, así pues hay libertad del miedo. Usted no busca la permanencia donde no puede encontrarse: en el mundo de la forma, de la pérdida y la ganancia, del nacimiento y la muerte. Usted no pide que las situaciones, las condiciones, los lugares o las personas lo hagan feliz, y luego sufre cuando no llenan sus expectativas.

Se valora todo, pero nada importa. Las formas nacen y mueren, sin embargo usted está consciente de lo eterno que hay bajo las formas. Usted sabe que "nada real puede ser amenazado".[3]

Cuando este es su estado de Ser ¿cómo puede usted no triunfar? Usted ya ha triunfado.

---

[3] *A Course in Miracles* (Foundation for Inner Peace, 1990), Introducción.

CAPÍTULO CUATRO

ESTRATEGIAS DE LA MENTE PARA EVITAR EL AHORA

LA PÉRDIDA DEL AHORA: EL ENGAÑO FUNDAMENTAL

Incluso si acepto completamente que en últimas el tiempo es una ilusión ¿qué diferencia va a causar esto en mi vida? Aún tengo que vivir en un mundo que está completamente dominado por el tiempo.

La aceptación intelectual es simplemente otra creencia y no cambiará mucho su vida. Para realizar esta verdad, usted tiene que vivirla. Cuando cada célula de su cuerpo esté tan presente que se sienta vibrar con la vida, y cuando usted pueda sentir en cada momento de la vida la alegría de Ser, entonces puede decirse que usted está libre del tiempo.

Pero todavía tengo que pagar las cuentas mañana, y me volveré viejo y moriré como los demás. ¿Cómo puedo decir que estoy libre del tiempo?

Las cuentas de mañana no son el problema. La disolución del cuerpo físico no es un problema. El problema es la pérdida del Ahora, o más bien: el engaño central que convierte una mera situación, evento o emoción en un problema personal y en sufrimiento. La pérdida del Ahora es la pérdida del Ser.

Ser libre del tiempo es ser libre de la necesidad psicológica del pasado para su identidad y del futuro para su realización. Representa la transformación más profunda de la conciencia que usted pueda imaginar. En algunos casos raros, este cambio en la conciencia ocurre dramática y radicalmente, de una vez por todas. Cuando ocurre, generalmente viene por medio de una rendición total en medio de sufrimiento intenso. La mayor parte de las personas, sin embargo, tiene que trabajar en ello.

Cuando usted ha tenido los primeros atisbos del estado intemporal de conciencia, comienza a avanzar y retroceder entre las dimensiones del tiempo y la presencia. Primero se vuelve consciente de cuán raramente su atención está realmente en el Ahora. Pero *saber* que *no* está presente es un gran éxito: este conocimiento es presencia, incluso si inicialmente sólo dura un par de segundos del tiempo del reloj y se pierde de nuevo. Después, con frecuencia creciente, usted escoge tener la atención de su conciencia en el presente, más que en el pasado o en el futuro y cada vez que se da cuenta de que había perdido el Ahora, puede permanecer en él, no por un par de segundos sino por periodos más largos percibidos desde la perspectiva externa del tiempo del reloj. Así que antes de estar establecido firmemente en el estado de presencia, es decir antes de ser completamente consciente, usted fluctúa por un tiempo entre la conciencia y la inconsciencia, entre el estado de presencia y el de identificación con la mente. Usted pierde el Ahora y vuelve a él, una y otra vez. Eventualmente, la presencia se vuelve su estado predominante.

Para la mayor parte de las personas, la presencia no se experimenta nunca o sólo accidental y brevemente en escasas ocasiones, sin ser reconocida como lo que es. La mayoría de los seres humanos alternan, no entre conciencia e inconsciencia sino sólo entre distintos niveles de inconsciencia.

INCONSCIENCIA ORDINARIA E INCONSCIENCIA PROFUNDA

¿Qué quiere decir con distintos niveles de inconsciencia?

Como probablemente sabe, mientras duerme usted se mueve constantemente entre las fases del dormir sin sueños y el estado de soñar. De forma similar, en el estado de vigilia la mayoría de las personas sólo cambia entre inconsciencia ordinaria e inconsciencia profunda. Lo que yo llamo inconsciencia ordinaria significa estar identificado con sus procesos de pensamiento y con sus emociones, sus reacciones, deseos y aversiones. Es el estado normal de la mayoría de las personas. En ese estado usted está gobernado por la mente egotista, y es inconsciente del Ser. Es un estado no de dolor o infelicidad agudos, sino de un nivel bajo de incomodidad, descontento, aburrimiento o nerviosismo casi continuos, una especie de estática de fondo. Puede ser que usted no se dé cuenta de esto porque es parte frecuente de la vida "normal", del mismo modo que no se hace consciente de un ruido continuo de fondo bajo, como el zumbido de un aire acondicionado, hasta que se detiene. Cuando se detiene de repente, hay una sensación de alivio. Muchas personas usan el alcohol, las drogas, el sexo, la comida, el trabajo, la televisión o incluso el ir de compras como anestésicos, en un intento inconsciente por suprimir la incomodidad básica. Cuando esto ocurre, una actividad que podría ser muy agradable, si se usa con moderación, se convierte en una actividad compulsiva o adictiva, y todo lo que se logra a través de ella es un brevísimo alivio de síntomas.

La incomodidad de la inconsciencia ordinaria se convierte en el dolor de la inconsciencia profunda — un estado de sufrimiento o infelicidad más agudo y más obvio — cuando las cosas "van mal", cuando el ego está amenazado o en su situación vital hay un reto, una amenaza o una pérdida importante, reales o imaginarias; o cuando hay conflicto en una relación. Es una versión intensificada de la inconsciencia ordinaria, diferente de ella no en el tipo sino en el grado.

En la inconsciencia ordinaria, la resistencia habitual o negación de lo que *es* crea la incomodidad y el descontento que la mayoría de las personas aceptan como la forma normal de vivir. Cuando esta resistencia se intensifica por algún reto o amenaza al ego, trae negatividad intensa en la forma de ira, miedo agudo, agresión, depresión, etcétera. La inconsciencia profunda a menudo significa que el cuerpo del dolor ha sido disparado y que usted se ha identificado con él. La violencia física sería imposible sin inconsciencia profunda. Puede ocurrir también cuando una multitud de personas o incluso toda una nación genera un campo colectivo de energía negativa.

El mejor indicador de su nivel de conciencia es cómo maneja los retos de la vida cuando llegan. En esos retos, una persona ya inconsciente tiende a volverse más profundamente inconsciente y una persona consciente más intensamente consciente. Usted puede utilizar un reto para despertar, o puede permitir que lo empuje a un sueño aún más profundo. El sueño de la inconsciencia ordinaria se convierte entonces en una pesadilla.

Si usted no puede estar presente ni siquiera en circunstancias normales, tales como cuando está sentado solo en una habitación, caminando por el bosque o escuchando a alguien, ciertamente no podrá permanecer consciente cuando algo "va mal" o se enfrenta con gente o situaciones difíciles, con la pérdida o la amenaza de pérdida. Usted será dominado por una reacción, que en última instancia es siempre una forma de miedo, y arrastrado a la inconsciencia profunda. Esos retos son sus pruebas. Sólo la forma en que usted los resuelva le mostrará a usted y a los demás en qué punto está en cuanto a su estado de conciencia, no el tiempo que puede permanecer sentado con los ojos cerrados o qué visiones tiene.

Así que es esencial traer más conciencia a su vida en las situaciones ordinarias cuando todo transcurre con relativa facilidad. De esta forma, usted crece en poder de presencia. Eso genera un campo de energía en usted y alrededor de usted de una gran frecuencia de vibraciones. Ni la inconsciencia, ni la negatividad, ni la discordia o la violencia pueden penetrar en ese campo y sobrevivir, lo mismo que la oscuridad no puede sobrevivir en la presencia de la luz.

Cuando usted aprenda a ser testigo de sus pensamientos y emociones, que es una parte esencial de estar presente, puede quedar sorprendido cuando se dé cuenta por primera vez de la "estática" de fondo de inconsciencia ordinaria que tiene y de qué pocas veces si acaso alguna, usted está verdaderamente a gusto consigo mismo. En el nivel de su pensamiento, usted encontrará mucha resistencia en forma de juicio, descontento y proyección mental lejos del Ahora. En el nivel emocional, habrá una corriente subterránea de incomodidad, tensión, aburrimiento o nerviosismo. Todos son aspectos de la mente en su modo de funcionamiento habitual de resistencia al presente.

¿QUÉ ESTÁN BUSCANDO?

Carl Jung cuenta en uno de sus libros una conversación que tuvo con un jefe indígena norteamericano que le señaló que tal como él lo percibía los blancos tienen caras tensas, ojos penetrantes y un porte cruel. Dijo "Están siempre buscando algo. ¿Qué están buscando? Los blancos siempre quieren algo. Siempre están incómodos e inquietos. No sabemos lo que quieren. Creemos que están locos".

La corriente subterránea de desasosiego constante comenzó mucho antes del surgimiento de la civilización industrial occidental, por supuesto, pero en la civilización occidental, que ahora cubre casi todo el globo, incluyendo la mayor parte del Este, se manifiesta en una forma aguda sin precedentes. Estaba ahí ya en la época de Jesús y también seiscientos años antes, en la época del Buda, y mucho antes. ¿Por qué están siempre inquietos? Preguntaba Jesús a sus discípulos. "¿Puede la preocupación añadir un solo día a su vida?" Y el Buda enseñó que la raíz del sufrimiento debe buscarse en nuestro continuo desear y ansiar.

La resistencia al Ahora como disfunción colectiva está intrínsecamente conectada con la pérdida de conciencia de Ser y constituye la base de nuestra deshumanizada civilización industrial. Freud, a propósito, también reconoció la existencia de esta corriente subterránea de desasosiego y escribió sobre ella en su libro *El Malestar en la Cultura*, pero no reconoció la verdadera raíz del desasosiego y no se dio cuenta de que es posible liberarse de él. Esta disfunción colectiva ha creado una civilización muy infeliz y extraordinariamente violenta que se ha convertido en una amenaza, no sólo para sí misma sino también para toda forma de vida sobre el planeta.

DISOLUCIÓN DE LA INCONSCIENCIA ORDINARIA

Entonces ¿cómo podemos liberarnos de esta aflicción?

Hágala consciente. Observe las muchas formas en que el desasosiego, el descontento y la tensión surgen dentro de usted a causa del juicio innecesario, de la resistencia a lo que *es* y de la negación del Ahora. Todo lo inconsciente se disuelve cuando usted hace brillar la luz de la conciencia sobre ello. Una vez que sepa cómo disolver la inconsciencia ordinaria, la luz de su presencia brillará fuertemente y será mucho más fácil lidiar con la inconsciencia profunda cuando sienta su fuerza gravitacional. Sin embargo, la inconsciencia ordinaria puede no ser fácil de detectar inicialmente porque es tan normal.

Convierta en un hábito monitorear su estado mental-emocional por medio de la observación de sí mismo. "¿Estoy tranquilo en este momento?" es una buena pregunta para que se la haga frecuentemente. O puede preguntar: "¿Qué está ocurriendo en mí en este momento?" Esté al menos tan interesado en lo que pasa en su interior como en lo que ocurre fuera. Si su interior está bien, lo exterior estará en orden. La realidad primaria está dentro, la secundaria fuera. Pero no conteste estas preguntas inmediatamente. Dirija su atención hacia adentro. Eche una mirada a su interior. ¿Qué clase de pensamientos está produciendo su mente?

¿Qué siente? Dirija su atención hacia el cuerpo. ¿Hay alguna tensión? En cuanto detecte que hay un poco de desasosiego, una estática de fondo, observe en qué forma está evitando, resistiéndose o negando la vida, al negar el Ahora. Hay muchas formas en las que las personas se resisten inconscientemente al momento presente. Le daré algunos ejemplos. Con práctica, su poder de observación de sí mismo, de monitorear su estado interior, se agudizará.

LA LIBERACIÓN DE LA INFELICIDAD

¿Le desagrada hacer lo que está haciendo? Puede ser su trabajo, o puede haber aceptado hacer algo y lo está haciendo, pero parte de usted se resiente y se resiste a ello. ¿Tiene un resentimiento no confesado hacia una persona cercana a usted? ¿Se da cuenta de que la energía que emana por eso es tan dañina en sus efectos que de hecho usted se está contaminando a sí mismo así como a los que lo rodean? Observe detenidamente su interior. ¿Existe la menor traza de resentimiento, de mala voluntad? Si la hay, obsérvela tanto en el nivel intelectual como en el emocional. ¿Qué pensamientos está creando su mente alrededor de esta situación? Entonces mire a la emoción, que es la reacción del cuerpo a esos pensamientos. Sienta la emoción. ¿Es placentera o desagradable? ¿Es una energía que usted realmente *escogería* tener dentro? *¿Tiene* elección?

Quizá se *están* aprovechando de usted, quizá la actividad en la que está involucrado es tediosa, quizá alguien cercano a usted es deshonesto, irritante o inconsciente, pero todo eso es irrelevante. Que sus pensamientos y emociones acerca de esa situación sean justificados o no, no hace ninguna diferencia. El hecho es que usted se está resistiendo a lo que *es*. Está convirtiendo el momento presente en un enemigo. Está creando infelicidad, conflicto entre lo interior y lo exterior. Su infelicidad está contaminando, no sólo su propio ser interior y a los que lo rodean, sino también la psique humana colectiva, de la cual usted es parte inseparable. La contaminación del planeta es sólo un reflejo exterior de una contaminación psíquica interior: millones de individuos inconscientes que no asumen la responsabilidad de su espacio interior.

Usted debe, o bien dejar de hacer lo que está haciendo, hablar a la persona que tiene que ver en el asunto y expresar completamente lo que siente, o abandonar el negativismo que ha creado su mente en torno a la situación y que no sirve para ningún propósito excepto para fortalecer un falso sentido de usted mismo. Es importante reconocer su futilidad. La negatividad no es nunca una forma óptima de manejar cualquier situación. De hecho, en la mayoría de los casos lo mantiene atascado en ella, bloqueando el cambio real. Todo lo que se haga con energía negativa, quedará contaminado por ella y con el tiempo hará surgir más dolor, más infelicidad. Además, todo estado interior negativo es contagioso: la infelicidad se extiende más fácilmente que una enfermedad física. Por la ley de la resonancia, dispara y alimenta la negatividad latente de los demás, a menos que sean inmunes, es decir, altamente conscientes.

¿Está usted contaminando el mundo o limpiando el desorden? Usted es responsable de su estado interior; nadie más lo es, así como usted también es responsable por el planeta. Lo mismo que ocurre dentro, ocurre fuera: si los seres humanos limpian la contaminación interior, también dejarán de crear contaminación exterior.

¿Cómo podemos abandonar la negatividad, tal como usted sugiere?

Soltándola. ¿Cómo suelta un trozo de carbón caliente que tiene en la mano? ¿Cómo suelta un equipaje pesado e inútil que lleva? Reconociendo que usted no quiere sufrir el dolor o soportar la carga más y después dejándola ir.

La inconsciencia profunda, tal como el cuerpo del dolor u otro dolor profundo, como la pérdida de un ser amado, a menudo deben ser transmutados por medio de la aceptación combinada con la luz de su presencia, su atención sostenida. Por otra parte, muchos patrones de la inconsciencia ordinaria pueden soltarse simplemente en cuanto usted sabe que no los quiere y no los necesita, una vez que usted se da cuenta de que tiene elección, de que no es sólo un montón de reflejos condicionados. Todo esto implica que usted es capaz de acceder al poder del Ahora. Sin él no tiene elección.

Si usted llama a algunas emociones negativas, ¿No está creando una polaridad mental de bien y mal, tal como explicó antes?

No. La polaridad se creó en una etapa anterior, cuando su mente juzgó el momento presente como malo; este juicio creó entonces la emoción negativa.

Pero si usted llama a algunas emociones negativas ¿no está realmente diciendo que no deberían estar allí, que no está bien tener esas emociones? Yo entiendo que deberíamos darnos permiso de tener cualquier sentimiento que surja, en lugar de juzgarlos como malos o decir que no deberíamos tenerlos. Está bien sentirse

resentido; está bien estar enfadado, irritado, de mal humor o
cualquier otra cosa, de lo contrario entramos en la represión, en
el conflicto interior o en la negación. Todo está bien como es.

Por supuesto. Una vez que un patrón mental, una emoción o una
reacción están ahí, acéptelos. No fue lo suficientemente consciente para hacer una elección en el asunto. Eso no es un juicio,
solamente un hecho. Si usted tuviera elección, o se diera cuenta
de que realmente tiene una elección ¿escogería el sufrimiento o la
alegría, la tranquilidad o el desasosiego, la paz o el conflicto?
¿Escogería un pensamiento o un sentimiento que lo separa de su
estado natural de bienestar, la alegría de la vida dentro de usted?
A cualquier sentimiento de este tipo lo llamo negativo, lo que
simplemente significa malo. No en el sentido de que "Usted no
debería haber hecho eso" sino simplemente mal fáctico, como
sentirse mal del estómago.

   ¿Cómo es posible que los seres humanos mataran a cien millones de congéneres solamente en el siglo XX?[4] Que los seres
humanos se inflijan dolor mutuamente en tal magnitud está más
allá de lo que uno puede imaginar. Y eso no toma en cuenta la
violencia mental, emocional y física, la tortura, el dolor y la crueldad que continúan causándose, así como la que causan a otros
seres sensibles diariamente.

   ¿Actúan así porque están en contacto con su estado natural,
la alegría de la vida que hay en ellos? Por supuesto que no. Sólo
las personas que están en un estado profundamente negativo, que
se sienten realmente muy mal, crearían una realidad así como

---

4   R. L. Sivard, *World Military and Social Expeditures 1996*, Edición 16
    (World Priorities, Washington D.C., 1996) p. 7.

reflejo de la forma en que se sienten. Ahora están empeñados en destruir la naturaleza y el planeta que los sostiene. Increíble, pero cierto. Los seres humanos son una especie peligrosamente demente y muy enferma. Eso no es un juicio, es un hecho. También es un hecho que la salud mental *está* ahí, bajo la locura. La curación y la redención son posibles ahora.

Volviendo específicamente a lo que usted dijo, es verdad que cuando usted acepta su resentimiento, su mal humor, su rabia, ya no está obligado a actuar ciegamente, y es menos probable que los proyecte en los demás. Pero me pregunto si no está engañándose a sí mismo. Cuando usted ha practicado la aceptación por un tiempo, como usted lo ha hecho, llega un momento en que necesita pasar a la siguiente etapa, en la que esas emociones negativas ya no se producen. Si usted no lo hace, su "aceptación" se vuelve simplemente una etiqueta mental que le permite a su ego continuar complaciéndose en la infelicidad y fortalecer así su sentido de la separación de los demás, de lo que lo rodea, del aquí y el ahora. Como sabe, la separación es la base del sentido de identidad del ego. La verdadera aceptación transmutaría esos sentimientos inmediatamente. Y si en realidad usted supiera profundamente que todo está "bien", tal como usted lo dice, lo que por supuesto es verdad, ¿tendría, para empezar, esos sentimientos negativos? Sin juicio, sin resistencia a lo que *es*, no surgirían. Usted tiene una idea en la mente de que "todo está bien", pero en el fondo no lo cree, así que los viejos patrones mentales-emocionales de resistencia están todavía en su lugar. Eso es lo que lo hace sentir mal.

Eso está bien también.

¿Está defendiendo su derecho a ser inconsciente, su derecho a sufrir? No se preocupe: nadie le va a quitar eso. Una vez se dé cuenta de que cierto tipo de alimento lo enferma ¿continuaría comiendo ese alimento y asegurando que está bien estar enfermo?

DONDE ESTÉ, ESTÉ PLENAMENTE ALLÍ

¿Puede darme más ejemplos de inconsciencia ordinaria?

Vea si puede sorprenderse a sí mismo lamentándose, de palabra o de pensamiento, de una situación en la que se encuentra, de lo que los demás hacen o dicen, de lo que lo rodea, de su situación vital, o incluso del tiempo. Quejarse es siempre falta de aceptación de lo que *es*. Invariablemente lleva una carga negativa inconsciente. Cuando se queja, se convierte en una víctima. Cuando se explica, está en posesión de su poder. Así que cambie la situación actuando o hablando claro si es necesario o posible; salga de la situación o acéptela. Lo demás es locura.

La inconsciencia ordinaria siempre está ligada en alguna forma con la negación del Ahora. El Ahora, por supuesto, también implica el aquí. ¿Se está resistiendo a su aquí y ahora? Algunas personas preferirían estar siempre en otro lugar. Su "aquí" nunca es satisfactorio. Por medio de la observación de sí mismo, descubra si es el caso en su vida. Dondequiera que esté, esté plenamente allí. Si encuentra su aquí y ahora intolerable y lo hace infeliz, tiene tres opciones: apártese de la situación, cámbiela o acéptela totalmente. Si quiere tomar la responsabilidad de su vida, debe escoger una de esas tres opciones y debe escoger ahora. Después acepte las consecuencias, sin excusas, sin negatividad, sin contaminación psíquica. Mantenga su espacio interior despejado.

Si usted emprende algún tipo de acción — cambiar su situación o salir de ella — suelte la negatividad primero, si es posible. La acción que surge de la comprensión de lo que se requiere es más efectiva que la que surge de la negatividad.

Cualquier acción es a menudo mejor que la no acción, especialmente si ha estado detenido en una situación de infelicidad durante mucho tiempo. Si comete un error, al menos aprende algo, en cuyo caso ya no es un error. Si permanece atascado no aprende nada. ¿Le impide el miedo emprender una acción? Reconozca el miedo, obsérvelo, ponga su atención en él, esté completamente presente con él. Hacer esto corta el vínculo entre el miedo y su pensamiento. *No permita que el miedo surja en su mente.* Use el poder del Ahora. El miedo no puede prevalecer contra él.

Si realmente no hay nada que pueda hacer para cambiar su aquí y ahora, y no puede alejarse de la situación, entonces acéptelo totalmente soltando cualquier resistencia interior. El yo falso e infeliz que adora sentirse desgraciado, resentido o compadecerse de sí mismo no puede sobrevivir entonces. A eso se le llama rendición. La rendición no es debilidad. Hay gran fortaleza en ella. Sólo una persona rendida tiene poder espiritual, Por medio de la rendición, usted será libre interiormente de la situación. Puede que descubra entonces que la situación cambia sin ningún esfuerzo de su parte. En cualquier caso, usted es libre

¿O hay algo que usted "debería" estar haciendo pero que no hace? Levántese y hágalo ahora. O como alternativa, acepte completamente su inactividad, su pereza o su pasividad en este momento, si esa es su elección. Entre en ella completamente, goce de ella. Sea todo lo perezoso e inactivo que pueda. Si se aplica a ello completa y conscientemente, pronto saldrá de ello. O quizá no. En cualquier caso, no hay conflicto interior, ni resistencia, ni negatividad.

¿Está estresado? ¿Está tan ocupado tratando de llegar al futuro que el presente se reduce a un medio de llegar allá? El estrés es causado por estar "aquí", pero querer estar "allá"; o estar en el presente pero querer estar en el futuro. Es una ruptura que lo desgarra interiormente. Crear y vivir con un desgarro interior así es malsano. Si usted tiene que hacerlo, puede moverse de prisa, trabajar de prisa o incluso correr, sin proyectarse en el futuro y sin resistirse al presente. Según se mueve, trabaja, corre, hágalo totalmente. Goce el flujo de energía, la alta energía de ese momento. Ahora no estará ya estresado ni partido en dos, sólo moviéndose, corriendo, trabajando y gozándolo. O puede dejarlo todo y sentarse en una banca del parque. Pero cuando lo haga, observe su mente. Puede que diga: "Deberías estar trabajando. Estás perdiendo tiempo". Observe la mente, sonríale.

¿El pasado toma gran parte de su atención? ¿Habla de él, piensa frecuentemente en él, ya sea positiva o negativamente? ¿Las grandes cosas que ha logrado, sus aventuras o experiencias, o su historia de víctima y las cosas horribles que le han hecho, o quizá lo que usted le hizo a otra persona? ¿Sus procesos de pensamiento están creando culpa, orgullo, resentimiento, ira, remordimiento o autocompasión? Entonces usted no sólo está reforzando un sentido falso de identidad sino también ayudando a acelerar el proceso de envejecimiento de su cuerpo al producir una acumulación de pasado en su psique. Verifique esto por sí mismo observando a los que lo rodean que tienen una fuerte tendencia a aferrarse al pasado.

Muera al pasado en cada momento. Usted no lo necesita. Refiérase a él sólo cuando sea absolutamente relevante para el presente. Sienta el poder de este momento y la plenitud de Ser. Sienta su presencia.

∫

¿Está preocupado? ¿Piensa a menudo qué pasaría si...? Usted está identificado con su mente, que está proyectándose a sí misma en una situación futura imaginaria y creando miedo. No hay forma de que usted pueda hacer frente a esa situación porque no existe. Es un fantasma mental. Usted puede detener esta locura que corroe la salud y la vida simplemente reconociendo el momento presente. Hágase consciente de su respiración. Sienta el aire que fluye de y hacia su cuerpo. Sienta su campo interior de energía. Todo lo que usted tiene que manejar, enfrentar, en la vida real — por oposición a las proyecciones imaginarias de la mente — es *este momento*. Pregúntese a sí mismo qué "problema" tiene ahora mismo, no el año que viene, mañana o dentro de cinco minutos. ¿Qué está mal en este momento? Usted puede siempre enfrentar el Ahora, pero nunca puede enfrentar el futuro, ni tiene que hacerlo. La respuesta, la fuerza, la acción o el recurso correctos estarán allá cuando los necesite, no antes ni después.

"Un día lo lograré". ¿Su meta le toma tanta atención que reduce el momento presente a un medio para lograr un fin? ¿Eso le está arrebatando la alegría de lo que hace? ¿Está esperando para empezar a vivir? Si usted desarrolla un patrón mental así, no importa lo que alcance o logre, el presente nunca será suficientemente bueno; el futuro siempre parecerá mejor. Una receta perfecta para la insatisfacción y falta de realización permanentes ¿no está de acuerdo?

¿Habitualmente usted está esperando algo? ¿Cuánto tiempo de su vida gasta esperando? Lo que yo llamo "espera a pequeña escala" es esperar en la cola del correo, en un embotellamiento de tráfico, en el aeropuerto, por la llegada de alguien o el final del trabajo. La "espera a gran escala" es esperar las próximas vacaciones, un empleo mejor, que los hijos crezcan, una relación realmente significativa, el éxito, hacerse rico, ser importante, alcanzar la iluminación. No es raro que la gente pase toda la vida esperando empezar a vivir.

Esperar es un estado mental. Básicamente significa que usted quiere el futuro, que no quiere el presente. No quiere lo que tiene. Con cualquier tipo de espera usted crea inconscientemente un conflicto entre su aquí y ahora, en el que no quiere estar, y el futuro proyectado, en el que desea estar. Esto reduce enormemente la calidad de su vida pues lo hace perder el presente.

No hay nada malo en esforzarse por mejorar la situación vital. Usted puede mejorar su situación vital, pero no puede mejorar su vida. La vida es primaria. La vida es su más profundo Ser interior. Ya es completa, perfecta. Su situación vital consta de sus circunstancias y sus experiencias. No hay nada malo en establecer metas y esforzarse por lograr cosas. El error está en usar eso como sustituto del sentimiento de la vida, del Ser. El único punto de acceso a esto es el ahora. Usted es entonces como un arquitecto que no presta atención a los cimientos del edificio, pero pasa mucho tiempo trabajando en la superestructura.

Por ejemplo, muchas personas están esperando la prosperidad. No puede llegar en el futuro. Cuando usted honra, reconoce y acepta plenamente su realidad presente — dónde está, quién es, qué está haciendo ahora mismo —, cuando acepta plenamente lo que tiene, usted está agradecido de lo que tiene, de lo que *es*, de Ser. La gratitud por el momento presente y por la plenitud de la vida *ahora* es la verdadera prosperidad. No puede llegar en el futuro. Entonces, con el tiempo, esta prosperidad se le manifiesta de muchas formas.

Si usted está insatisfecho con lo que tiene, o incluso frustrado o enfadado con sus carencias presentes, eso puede motivarlo a volverse rico, pero aunque gane millones, continuará experimentando la condición interior de carencia y en el fondo seguirá sintiéndose no realizado. Usted puede tener muchas experiencias emocionantes que el dinero puede comprar, pero llegarán y se irán y lo dejarán siempre con una sensación de vacío y con la necesidad de más gratificación física o psicológica. Usted no habitará en el Ser para sentir la plenitud de la vida ahora, que es la única prosperidad verdadera.

Abandone la espera como un estado mental. Cuando se sorprenda a sí mismo cayendo en ella... salga inmediatamente. Vuelva al momento presente. Simplemente sea y goce el ser. Si usted está presente, no hay nunca necesidad de esperar por nada. Así que la próxima vez que alguien diga: "Siento haberte hecho esperar", puede contestar: "Está bien, no estaba esperando. Estaba parado aquí divirtiéndome, en el gozo de mí mismo".

Estas son sólo algunas de las estrategias habituales de la mente para negar el momento presente, que son parte de la inconsciencia ordinaria. Es fácil pasarlas por alto porque forman parte de la manera normal de vivir: la estática de fondo del descontento perpetuo. Pero cuanto más practique el monitoreo de su estado interior mental y emocional, más fácil le será saber cuándo ha sido atrapado en el pasado o en el futuro, es decir en la inconsciencia, y despertar del sueño del tiempo al presente. Pero esté alerta: el ser falso, el ser infeliz basado en la identificación con la mente, vive del tiempo. Sabe que el momento presente es su muerte y por eso se siente muy amenazado por él. Hará todo lo que pueda por apartarlo a usted de él. Tratará de mantenerlo atrapado en el tiempo.

EL PROPÓSITO INTERNO DEL VIAJE DE SU VIDA

Puedo ver la verdad de lo que está diciendo, pero aún creo que debemos tener un propósito en el camino de la vida; de otra forma simplemente vamos a la deriva; y el propósito significa futuro, ¿no? ¿Cómo reconciliar esto con vivir en el presente?

Cuando usted está de viaje, es ciertamente útil saber a dónde va o al menos la dirección general en la que se mueve, pero no lo olvide: lo único que es real en últimas en cuanto a su viaje es el paso que está dando en ese momento. Eso es todo lo que hay.

El viaje de su vida tiene un propósito externo y otro interno. El propósito externo es llegar a su meta o destino, lograr lo que decide hacer, alcanzar esto o aquello, lo que por supuesto, implica futuro. Pero si su destino, o los pasos que va a dar en el futuro, absorben tanto su atención que se vuelven más importantes para usted que el paso que está dando ahora, entonces pierde completamente el propósito interno, que no tiene nada que ver con a *dónde* va o con *qué* está haciendo sino con *cómo*. No tiene nada que ver con el futuro sino con la calidad de su conciencia en este momento. El propósito externo pertenece a la dimensión horizontal del espacio y el tiempo; el propósito interno concierne a una profundización de su Ser en la dimensión vertical del Ahora sin tiempo. Su viaje externo puede constar de un millón de pasos; su viaje interno sólo tiene uno: el paso que está dando ahora mismo. Según se vuelve más profundamente consciente de ese único paso, se da cuenta de que ya contiene en sí mismo todos los demás pasos así como el destino. Este único paso se transforma entonces en una expresión de la perfección, un acto de gran belleza y calidad. Lo habrá llevado a usted al Ser y la luz del Ser brillará a través de él. Este es a la vez el propósito y el logro de su viaje interno, el viaje hacia usted mismo.

∫

¿Importa si logramos nuestro propósito externo, si triunfamos o fracasamos en el mundo?

Le importará a usted mientras no haya logrado su propósito interno. Después de lograrlo, el propósito externo es solamente un juego que usted puede seguir jugando simplemente porque le divierte. Es posible también fracasar completamente en su propósito externo y al mismo tiempo triunfar totalmente en su propósito interno. O al contrario, lo que es de hecho más común: riqueza exterior y pobreza interior, o "ganar el mundo y perder su alma", como dice Jesús. En últimas, por supuesto, *todo* propósito externo está condenado a "fracasar" tarde temprano, simplemente porque está sujeto a la ley de la falta de permanencia de todas las cosas. Cuanto antes se dé cuenta de que su propósito externo no puede darle realización duradera, mejor. Cuando ha visto las limitaciones de su propósito externo, renuncia a la expectativa irreal de que debería hacerlo feliz y lo subordina a su propósito interno.

EL PASADO NO PUEDE SOBREVIVIR
EN SU PRESENCIA

Usted mencionó que pensar o hablar del pasado sin necesidad es una de las formas como evitamos el presente. Pero aparte del pasado que recordamos y con el que quizá nos identificamos, ¿no hay otro nivel de pasado dentro de nosotros que está mucho más profundamente establecido? Hablo del pasado inconsciente que condiciona nuestra vida, especialmente por medio de las experiencias de la infancia, quizá incluso de experiencias de vidas pasadas. Y además está nuestro condicionamiento cultural, que tiene que ver con dónde vivimos geográficamente y el periodo de tiempo histórico en el cual vivimos. Todas esas cosas determinan cómo vemos el mundo, cómo reaccionamos, qué pensamos, qué clase de relaciones tenemos, cómo llevamos nuestra vida. ¿Cómo podríamos alguna vez llegar a ser conscientes de todo eso o librarnos de ello? ¿Cuánto tiempo llevaría eso? ¿E incluso si lo hiciéramos, qué quedaría?

¿Qué queda cuando la ilusión se acaba?

No hay necesidad de investigar el pasado inconsciente en usted, excepto en cuanto se manifiesta en este momento como un pensamiento, una emoción, un deseo, una reacción o un evento externo que le ocurre a usted. Lo que necesite conocer sobre el pasado inconsciente en usted, lo sacarán a flote los retos del presente. Si usted ahonda en el pasado se convertirá en un pozo sin fondo: siempre hay más. Usted puede creer que necesita más tiempo para entender el pasado o ser libre de él, en otras palabras que el futuro lo liberará del pasado eventualmente. Este es un engaño. Sólo el presente puede liberarlo del pasado. Más tiempo no puede liberarlo del tiempo. Acceda al poder del Ahora. Ésa es la clave.

¿Qué es el poder del Ahora?

Nada más que el poder de su presencia, su conciencia liberada de las formas del pensamiento. Así pues, maneje el pasado en el nivel del presente. Cuanta más atención preste al pasado, más lo energiza y más probable es que lo convierta en una identidad. No interprete mal: la atención es esencial, pero no al pasado como pasado. Dé atención al presente; preste atención a su conducta, a sus reacciones, malos humores, pensamientos, emociones, miedos y deseos según ocurren en el presente. El pasado está en usted. Si usted puede estar suficientemente presente para ver todas esas cosas, no crítica o analíticamente, sino sin juzgar, está manejando el pasado y disolviéndolo con el poder de su presencia. No puede encontrarse a sí mismo yendo hacia el pasado. Se encuentra a sí mismo viniendo al presente.

¿No es útil entender el pasado y así entender por qué hacemos ciertas cosas, reaccionamos de cierta forma o por qué creamos inconscientemente nuestro tipo particular de drama, nuestros patrones de relaciones y así sucesivamente?

Según se vuelve más consciente de su realidad presente, usted puede tener ciertas comprensiones súbitas de por qué su condicionamiento funciona de esa forma particular; por ejemplo, por qué sus relaciones siguen ciertos patrones, y puede recordar cosas que ocurrieron en el pasado y verlas más claramente. Eso está bien y puede servir de ayuda, pero no es esencial. Lo que es esencial es su presencia consciente. *Eso* disuelve el pasado. Ese es el agente transformador. Así pues, no busque entender el pasado, por el contrario sea tan presente como pueda. El pasado no puede sobrevivir en su presencia. Sólo puede sobrevivir en su ausencia.

CAPÍTULO CINCO

EL ESTADO DE PRESENCIA

NO ES LO QUE USTED CREE QUE ES

Usted habla continuamente del estado de presencia como la clave. Creo que lo entiendo intelectualmente, pero no sé si lo he experimentado verdaderamente alguna vez. Me pregunto ¿es lo que pienso que es o es algo completamente diferente?

¡No es lo que usted piensa que es! Usted no puede pensar en la presencia y la mente no puede comprenderla. Comprender la presencia es *estar* presente.

Intente un pequeño experimento. Cierre los ojos y dígase a sí mismo: "Me pregunto cuál va a ser mi próximo pensamiento". Luego póngase muy alerta y espere por el próximo pensamiento. Compórtese como un gato observando la guarida de un ratón. ¿Qué pensamiento va a salir de la guarida del ratón? Inténtelo ahora.

∫

¿Bien?

Tuve que esperar un buen rato antes de que el pensamiento llegara.

Exactamente. Mientras esté en un estado de intensa presencia, usted está libre del pensamiento. Usted está quieto y sin embargo muy alerta. En el instante en que su atención consciente cae por debajo de cierto nivel, el pensamiento se apresura a aparecer. El ruido mental regresa; la quietud se pierde. Usted vuelve al tiempo.

Para probar su grado de presencia se sabe que algunos maestros de Zen se acercaban sigilosamente a sus estudiantes desde atrás y los golpeaban súbitamente con un bastón. ¡Todo un shock! Si el estudiante estaba completamente presente y en estado de alerta, si tenía "los riñones ceñidos y la lámpara ardiendo", que es una de las analogías que usa Jesús para la presencia, notaría la llegada del maestro desde atrás y lo detendría o se apartaría. Pero si se dejaba golpear, eso significaba que estaba inmerso en sus pensamientos, es decir ausente, inconsciente.

Para estar presente en la vida diaria ayuda estar firmemente arraigado en su interior; de otro modo, la mente, que tiene una inercia increíble, lo arrastrará como un río salvaje.

¿Qué quiere usted decir con "arraigado en su interior"?

Significa habitar su cuerpo completamente. Tener siempre algo de su atención en el campo de energía interior de su cuerpo. Sentir el cuerpo desde adentro, por decirlo así. La conciencia del cuerpo lo mantiene presente. Lo ancla en el Ahora (vea el capítulo seis).

EL SIGNIFICADO ESOTÉRICO DE "ESPERAR"

En cierto sentido, el estado de presencia podría compararse con esperar. Jesús usó la analogía de la espera en algunas de sus parábolas. Este no es el tipo habitual de espera aburrido o inquieto que es una negación del presente y del que ya he hablado. No es un esperar en el que su atención está concentrada en algún punto en el futuro y en el que el presente se percibe como un obstáculo indeseable que le impide tener lo que quiere. Hay un tipo de espera cualitativamente diferente, que requiere su alerta total. Podría suceder algo en cualquier momento y si usted no está completamente despierto, completamente quieto, se lo perderá. Este es el tipo de espera del que Jesús habla. En ese estado toda su atención está en el Ahora. No queda nada para soñar despierto, pensar, recordar, anticipar. No hay tensión en ella, ni miedo, sólo presencia alerta. Usted está presente con todo su Ser, con cada célula de su cuerpo. En ese estado, el "yo" que tiene pasado y futuro, la personalidad, si usted quiere, casi que no está. Y sin embargo nada de valor se ha perdido. Usted es todavía esencialmente usted mismo. De hecho, usted es más plenamente usted mismo de lo que nunca fue, o más bien sólo *ahora* usted es verdaderamente usted mismo.

"Sean como un sirviente que espera el regreso del amo", dice Jesús. El sirviente no sabe a qué hora va a llegar el amo. Así que permanece despierto, alerta, sereno, quieto, no sea que se pierda su llegada. En otra parábola, Jesús habla de las cinco mujeres descuidadas (inconscientes) que no tienen suficiente aceite (conciencia) para mantener sus lámparas encendidas (mantenerse presentes) y por ello se pierden la llegada del novio (el Ahora) y no llegan a la fiesta de bodas (la iluminación). Estas se contraponen a las cinco mujeres sensatas que sí tienen suficiente aceite (permanecen conscientes).

Incluso los hombres que escribieron los Evangelios no entendieron el significado de estas parábolas, así que introdujeron en ellos las primeras interpretaciones erróneas y distorsiones cuando fueron escritos. Con aquellas interpretaciones erróneas, el sentido real se perdió completamente. Estas no son parábolas sobre el fin del mundo, sino sobre el fin del tiempo psicológico. Apuntan a una trascendencia de la mente egotista y a la posibilidad de vivir en un estado de conciencia enteramente nuevo.

EN LA QUIETUD DE SU PRESENCIA SURGE LA BELLEZA

Lo que usted acaba de describir es algo que experimento ocasionalmente durante breves momentos cuando estoy solo y rodeado por la naturaleza.

Sí. Los maestros del Zen utilizan la palabra *satori* para describir un relámpago de comprensión, un momento de no-mente y de presencia total. Aunque el *satori* no es una transformación duradera, siéntase agradecido cuando llegue, porque le da a probar la iluminación. De hecho usted puede haberlo experimentado muchas veces sin saber qué es y sin darse cuenta de su importancia. Se necesita presencia para ser consciente de la belleza, la majestad, la sacralidad de la naturaleza. ¿Alguna vez ha contemplado la infinitud del espacio en una noche clara, sobrecogido por su absoluta quietud y su vastedad inconcebible? ¿Alguna vez ha escuchado, escuchado verdaderamente, el sonido de una quebrada en el bosque? ¿O el canto de un mirlo en un tranquilo atardecer de verano? Para ser consciente de tales cosas, la mente debe estar quieta. Usted tiene que dejar por un momento su equipaje personal de problemas, de pasado y de futuro, así como todo su conocimiento; de lo contrario, usted verá sin ver, oirá sin oir. Se requiere su total presencia.

Más allá de la belleza de las formas externas, hay algo más ahí: algo innombrable, algo inefable, una esencia profunda, interior, santa. Siempre y dondequiera que haya belleza, esta esencia interior resplandece de alguna manera. Sólo se le revela cuando usted está presente ¿Podría ser que esa esencia innombrable y su presencia fueran una y la misma cosa? ¿Podría estar allá sin su presencia? Profundice en ello. Descúbralo por su cuenta.

∫

Cuando usted experimentó esos momentos de presencia, usted probablemente no se dio cuenta de que estuvo brevemente en un estado de no-mente. Eso se debe a que la brecha entre ese estado y el flujo interno de pensamiento fue demasiado breve. Su *satori* puede haber durado sólo unos segundos antes de que la mente apareciera, pero estuvo ahí; si no, usted no habría experimentado la belleza. La mente no puede reconocer ni crear belleza. Sólo durante unos segundos, mientras usted estaba completamente presente, estuvo allá esa belleza o sacralidad. Debido a la brevedad de esa brecha y a la falta de vigilancia y atención de su parte, usted fue probablemente incapaz de notar la diferencia fundamental entre la percepción, la conciencia de belleza sin pensamiento y su interpretación como un pensamiento: la brecha en el tiempo fue tan corta que pareció que era un solo proceso. Sin embargo la verdad es que en el momento en que llegó el pensamiento, todo lo que usted tenía era un recuerdo de ello.

Cuanto más amplia sea la brecha entre la percepción y el pensamiento, más profundidad tiene usted como ser humano, es decir más consciente es.

Muchas personas son tan prisioneras de sus mentes que la belleza de la naturaleza no existe realmente para ellas. Puede que digan "qué flor tan bonita", pero eso es solamente una etiqueta mental mecánica. Porque no están quietos, presentes, no ven realmente la flor, no sienten su esencia, su santidad, lo mismo que no se conocen a sí mismos, no sienten su propia esencia, su santidad.

Como vivimos en una cultura tan dominada por la mente, la mayor parte del arte moderno, la arquitectura, la música y la literatura están privadas de belleza, de esencia interior, con muy pocas excepciones. La razón es que las personas que crean este arte no pueden — ni siquiera por un momento — liberase de sus mentes. Así que nunca están en contacto con ese lugar donde la verdadera creatividad y belleza surgen. La mente abandonada a sí misma crea monstruosidades, y no sólo en las galerías de arte. Miren nuestros paisajes urbanos y nuestros desiertos industriales. Ninguna civilización ha producido tanta fealdad.

REALIZAR LA CONCIENCIA PURA

¿La presencia es lo mismo que el Ser?

Cuando usted se vuelve consciente del Ser, lo que ocurre realmente es que el Ser se vuelve consciente de sí mismo. Cuando el Ser se vuelve consciente de sí mismo, eso es presencia. Puesto que

Ser, conciencia y vida son sinónimos, podríamos decir que presencia significa la conciencia dándose cuenta de sí misma o la vida alcanzando la auto-conciencia. Pero no se quede aferrado a las palabras y no haga un esfuerzo para entender esto. No necesita entender nada antes de que pueda volverse presente.

Entiendo lo que usted acaba de decir, pero parece implicar que el Ser, la última realidad trascendente, no está todavía completa, que está experimentando un proceso de desarrollo. ¿Necesita Dios tiempo para el crecimiento personal?

Sí, pero sólo visto desde la perspectiva limitada del universo manifiesto. En la Biblia Dios declara: "Soy el Alfa y el Omega y soy el Viviente". En el reino atemporal en el que Dios mora, que es también *su* hogar, el principio y el fin, el Alfa y el Omega, son uno y la esencia de todo lo que siempre ha sido y siempre será, es eternamente presente en un estado no manifiesto de unidad y perfección, totalmente más allá de lo que la mente humana pueda nunca imaginar o comprender. En nuestro mundo de formas aparentemente separadas, sin embargo, la perfección atemporal es un concepto inconcebible. Aquí, incluso la conciencia, que es la luz que emana de la Fuente eterna, parece estar sujeta a un proceso de desarrollo, pero esto es debido a nuestra percepción limitada. No es así en términos absolutos. Sin embargo, permítame continuar hablando por un momento sobre la evolución de la conciencia en este mundo.

Todo lo que existe tiene Ser, tiene esencia divina, tiene algún grado de conciencia. Incluso una piedra tiene conciencia rudimentaria; de lo contrario, no sería y sus átomos y moléculas se dispersarían. Todo está vivo. El sol, la tierra, las plantas, los animales, los seres humanos, todos son expresiones de conciencia en diferentes grados, la conciencia que se manifiesta como forma.

El mundo surge cuando la conciencia toma formas, formas de pensamiento y formas materiales. Observe los millones de formas de vida sólo en este planeta. En el mar, en la tierra, en el aire, y después cada forma de vida se replica millones de veces. ¿Con qué fin? ¿Alguien o algo está jugando un juego, un juego con la forma? Esto fue lo que los antiguos videntes de la India se preguntaron a sí mismos. Vieron el mundo como *lila*, una especie de juego divino que Dios está jugando. Las formas de vida individual obviamente no son muy importantes en este juego. En el mar, la mayoría de formas de vida no sobreviven más de unos minutos después de nacer. Incluso la forma humana vuelve al polvo bastante rápidamente y cuando se ha ido es como si nunca hubiera sido. ¿Es esto trágico o cruel? Sólo si usted crea una identidad separada para cada forma, si usted olvida que su conciencia es esencia divina expresándose a sí misma en la forma. Pero usted no *sabe* realmente eso hasta que *realiza* su propia esencia divina como pura conciencia.

Si nace un pez en su acuario y usted lo llama John, escribe un certificado de nacimiento, le cuenta sobre su historia familiar y dos minutos más tarde se lo come otro pez, eso es trágico. Pero solamente es trágico porque usted proyectó un ser separado donde no lo había. Usted agarró una fracción de un proceso dinámico, una danza molecular y la convirtió en una entidad separada.

La conciencia toma el disfraz de las formas hasta que estas alcanzan tal complejidad que se pierde completamente en ellas. En los seres humanos actuales, la conciencia está completamente identificada con su disfraz. Sólo se conoce a sí misma como forma y por lo tanto vive en el temor de la aniquilación de su forma física o psicológica. Esta es la mente egotista, y este es el punto en el que se establece una disfunción considerable. Ahora parece como si algo hubiera salido muy mal en algún punto a lo largo de la línea de la evolución. Pero incluso esto es parte de *lila*, el juego divino. Finalmente, la presión del sufrimiento creado por esta disfunción aparente fuerza a la conciencia a desidentificarse de la forma y la despierta de su sueño de forma: vuelve a recuperar auto-conciencia, pero a un nivel mucho más profundo que cuando la perdió.

Este proceso lo explica Jesús en su parábola del hijo pródigo, que deja el hogar de su padre, dilapida su fortuna, se convierte en un mendigo, y después es forzado por su sufrimiento a volver a casa. Cuando lo hace su padre *lo ama más* que antes. El estado del hijo es el mismo que antes, sin embargo no es el mismo. Tiene añadida una dimensión de profundidad. La parábola describe un viaje desde la perfección inconsciente, a través de la imperfección y del "mal" aparentes, hacia la perfección consciente.

¿Puede ver ahora el significado más profundo y más amplio de volverse presente como el observador de su mente? Siempre que usted observa la mente, retira la conciencia de las formas mentales, entonces se convierte en lo que llamamos el observador o el testigo. En consecuencia, el observador — pura conciencia más allá de la forma — se vuelve más fuerte y las formaciones mentales se vuelven más débiles. Cuando hablamos de observar la mente estamos personalizando un evento que es de significación cósmica: a través de usted la conciencia está despertando de su sueño de identificación con la forma y retirándose de ella. Esto prefigura y al tiempo forma parte de un evento que está probablemente todavía en el futuro lejano, en lo que concierne al tiempo cronológico. El evento es llamado el fin del mundo.

∫

Cuando la conciencia se libera de su identificación con las formas físicas y mentales, se vuelve lo que podemos llamar conciencia pura o iluminada, o presencia. Esto ha ocurrido ya en algunos individuos y parece destinado a ocurrir pronto en una escala mucho mayor, aunque no hay garantía absoluta de que ocurrirá. La mayoría de los seres humanos están todavía en las garras del modo egótico de conciencia: identificados con su mente y dominados por ella. Si no se liberan de su mente a tiempo, serán destruidos por ella. Experimentarán confusión, conflicto, violencia, enfermedad, desesperación y locura cada vez mayores. La mente egotista se ha vuelto como un barco que se hunde. Si usted no lo abandona se hundirá con él. La mente egotista colectiva es la entidad más peligrosamente demente y destructiva que jamás habitó este planeta. ¿Qué cree que pasará en este planeta si la conciencia humana no cambia?

Para la mayoría de los humanos el único respiro de sus mentes que encuentran ya, es pasar ocasionalmente a un nivel de conciencia por debajo del pensamiento. Todo el mundo lo alcanza todas las noches durante el sueño. Pero también ocurre hasta cierto punto a través del sexo, el alcohol y otras drogas que suprimen la actividad mental excesiva. Si no fuera por el alcohol, los tranquilizantes, los antidepresivos así como las drogas ilegales, que son todos consumidos en grandes cantidades, la demencia de la mente humana sería aún mucho más evidente de lo que lo es ya. Creo que si fuera privada de sus drogas, una gran parte de la población se convertiría en un peligro para ella misma y para los demás. Estas drogas, por supuesto, simplemente mantienen atascadas a las personas en la disfunción. Su uso extendido sólo dilata la quiebra de las viejas estructuras mentales y la emergencia de una conciencia más alta. Aunque los consumidores individuales pueden encontrar cierto alivio de la tortura diaria que les inflige su mente, la droga les impide generar suficiente presencia consciente para elevarse por encima del pensamiento y encontrar así la verdadera liberación.

Volver a caer en un nivel de conciencia por debajo de la mente, que es el nivel de prepensamiento de nuestros ancestros distantes y de los animales y las plantas, no es una opción para nosotros. No hay forma de dar marcha atrás. Si la raza humana ha de sobrevivir, tendrá que avanzar al siguiente nivel. La conciencia está evolucionando en todo el universo en billones de formas. Así, incluso si no lo lográramos, no importaría en una escala cósmica. Nunca se pierde una ganancia en conciencia, así que simplemente se expresaría a través de alguna otra forma. Pero el mismo hecho de que yo esté hablando aquí y usted esté escuchando o leyendo esto es un signo claro de que la nueva conciencia *está* ganado terreno en el planeta.

No hay nada personal en esto: yo no estoy enseñándole. Usted es conciencia y se está escuchando a sí mismo. Hay un dicho oriental: "El que enseña y el enseñado, crean la enseñanza juntos". De cualquier forma, las palabras por sí mismas no son importantes. No son la verdad; sólo señalan hacia ella. Yo hablo desde la presencia y según hablo, usted puede ser capaz de unirse conmigo en ese estado. Aunque toda palabra que uso tiene una historia, por supuesto, y viene del pasado, como todo el lenguaje, las palabras que le dirijo ahora son portadoras de la energía de alta frecuencia de la presencia, aparte del significado que transmiten como palabras.

El silencio es un portador aún más potente, así que cuando lea esto o me oiga hablar, hágase consciente del silencio que hay entre y bajo las palabras. Sea consciente de las brechas. Oír el silencio, dondequiera que esté, es una forma fácil y directa de hacerse presente. Incluso si hay ruido, hay siempre silencio bajo y entre los sonidos. Oír el silencio crea inmediatamente quietud dentro de usted. Sólo la quietud que hay dentro de usted puede percibir el silencio exterior. ¿Y qué es la quietud sino presencia, conciencia liberada de las formas de pensamiento? Aquí está la realización viviente de lo que hemos estado hablando.

∫

CRISTO: LA REALIDAD DE LA PRESENCIA DIVINA QUE HAY EN USTED

No se quede apegado a ninguna palabra. Usted puede sustituir Cristo por presencia, si eso es más significativo para usted. Cristo es la esencia divina que hay en usted o el Ser, como se le llama a veces en Oriente. La única diferencia entre Cristo y presencia es que Cristo se refiere a la divinidad que mora en usted, independientemente de que sea consciente de ello o no, mientras que presencia significa su divinidad o esencia de Dios ya *despierta*.

Se aclararán muchos malentendidos y falsas creencias sobre Cristo si usted se da cuenta de que en Cristo no hay pasado ni futuro. Decir que Cristo *fue* o *será* es una contradicción de términos. Jesús fue. Fue un hombre que vivió hace dos mil años y realizó la presencia divina, su verdadera naturaleza. Y por lo tanto dijo: "Antes de que Abraham fuera, yo soy". No dijo: "Yo ya existía antes de que Abraham hubiera nacido". Eso hubiera significado que estaba todavía en la dimensión de la identidad con el tiempo y la forma. Las palabras *yo soy* usadas en una frase que empieza en pasado indican un cambio radical, una discontinuidad en la dimensión temporal. Es una afirmación de tipo Zen de gran profundidad. Jesús intentó comunicar directamente, no a través del pensamiento discursivo, el significado de la presencia, de la autorrealización. Había ido más allá de la dimensión de la conciencia gobernada por el tiempo, al reino de lo intemporal. La dimensión de la eternidad había venido a este mundo. Eternidad, por supuesto, no significa tiempo sin fin, sino negación del tiempo. Así pues, el hombre Jesús se convirtió en Cristo, un vehículo para la conciencia pura. ¿Y cuál es la definición de sí mismo que hace Dios en la Biblia? ¿Dijo Dios "Yo siempre he sido y siempre seré"? Por supuesto que no. Eso habría dado realidad al presente y al pasado. Dios dijo: "YO SOY EL QUE SOY". No hay tiempo aquí, sólo presencia.

La "segunda venida" de Cristo es una transformación de la conciencia divina, un cambio del tiempo a la presencia, del pensamiento a la conciencia pura, no la llegada de un hombre o una mujer. Si "Cristo" fuera a volver mañana en forma externa no podría decirle sino: "Yo soy la Verdad. Soy presencia divina. Soy vida eterna. Soy en ti. Soy aquí. Soy Ahora".

∫

Nunca personalice a Cristo. No convierta a Cristo en una identidad con forma. Los avatares, las madres divinas, los maestros iluminados, los poquísimos que son reales, no son especiales como personas. Sin un falso yo que sostener, que defender y que alimentar, son más sencillos, más ordinarios que el hombre o mujer ordinarios. Alguien con un ego fuerte los consideraría insignificantes o, más probablemente, no los vería en absoluto. Si usted es atraído por un maestro iluminado es porque hay en usted ya suficiente presencia para reconocer la presencia en otro. Hubo muchas personas que no reconocieron a Jesús o al Buda, así como hay y siempre ha habido muchas personas que son atraídas por los falsos maestros. Los egos son atraídos por egos mayores. La oscuridad no puede reconocer la luz. Así pues, no crea que la luz está fuera de usted o que sólo puede llegar a través de una forma particular. Si sólo su maestro es una encarnación de Dios ¿entonces quién es usted? Cualquier tipo de exclusividad es identificación con la forma y la identificación con la forma significa ego, no importa lo bien disfrazada que esté. Use la presencia del maestro para reflejar de nuevo hacia usted su identidad más allá del nombre y de la forma y volverse más intensamente presente. La presencia es una. El trabajo de grupo puede ser también útil para intensificar la luz de su presencia. Un grupo de gente que se reúne en un estado de presencia genera un campo de energía colectiva de gran intensidad. No sólo eleva el grado de presencia de cada miembro del grupo sino que también ayuda a liberar la conciencia colectiva humana de su estado habitual de dominio de la mente. Eso hará el estado de presencia cada vez más accesible a los individuos. Sin embargo, a menos de que por lo menos un individuo del grupo esté ya firmemente establecido en ella y pueda así sostener la frecuencia de energía de ese estado, la mente egotista puede fácilmente reafirmarse y sabotear los esfuerzos del grupo. Aunque el trabajo del grupo es invaluable, no es suficiente, y usted no debe llegar a depender de él. Tampoco debe llegar a depender de un profesor o un maestro, excepto durante el periodo de transición, cuando está aprendiendo el significado y la práctica de la presencia.

CAPÍTULO SEIS

EL CUERPO INTERIOR

SU YO MÁS PROFUNDO ES SER

*Usted habló antes sobre tener raíces profundas interiores o ha-
bitar el cuerpo ¿Puede explicar qué quería decir con eso?*

El cuerpo puede volverse un punto de acceso al reino del Ser.
Expliquemos esto más profundamente ahora.

*Todavía no estoy seguro del todo si entiendo plenamente lo que
usted quiere decir con Ser.*

"¿El agua? ¿Qué quiere decir con eso? No lo entiendo". Eso es lo
que diría un pez si tuviera mente humana.

Por favor, deje de intentar entender al Ser. Usted ya ha tenido destellos significativos del Ser, pero la mente siempre tratará
de meterlo en una cajita y después ponerle una etiqueta. Eso no
se puede hacer. No puede volverse un objeto de conocimiento. En
el Ser el sujeto y el objeto se mezclan en una sola cosa.

El Ser puede *percibirse* como el *yo soy* siempre presente que
está más allá del nombre y la forma. Sentir y por lo tanto saber

que usted *es* y morar en ese estado profundamente arraigado es la iluminación, es la verdad que Jesús dice que nos hará libres.

¿Libres de qué?

Libres de la ilusión de que no somos más que el cuerpo físico y la mente. Esta "ilusión del yo" como la llama el Buda, es el error fundamental. Libres del *miedo* en sus innumerables disfraces, como consecuencia inevitable de esa ilusión, el miedo que es su termómetro constante mientras derive su sentido de sí mismo sólo de esta forma efímera y vulnerable. Y libres del *pecado*, que es el sufrimiento que usted se inflige inconscientemente a sí mismo y a los demás mientras este sentido ilusorio de sí mismo gobierne lo que piensa, dice y hace.

MIRE MÁS ALLÁ DE LAS PALABRAS

No me gusta la palabra pecado. Implica que se me juzga y se me encuentra culpable.

Puedo entender eso. Durante siglos, se han acumulado muchos puntos de vista e interpretaciones erróneas alrededor de palabras como *pecado*, debido a la ignorancia, a los malos entendidos o al deseo de controlar, pero contienen un centro esencial de verdad. Si usted es incapaz de mirar más allá de tales interpretaciones y por tanto no puede reconocer la realidad a la que apunta la palabra, entonces no la use. No se atasque en el nivel de las palabras. Una palabra no es más que un medio para llegar a un fin. Es una abstracción. De forma parecida a un poste indicador, señala algo más allá de sí misma. La palabra *miel* no es miel. Usted puede estudiar y hablar de la miel todo el tiempo que quiera, pero no la *conocerá* realmente hasta que la pruebe. Después de haberla probado, la palabra se vuelve menos importante para usted. Usted no se apegará ya a ella. Similarmente, usted puede hablar o pensar en Dios continuamente durante el resto de su vida ¿pero significa eso que conoce o ha tenido siquiera un destello de la realidad a la que se refiere la palabra? En realidad no es más que un apego obsesivo a un poste indicador, un ídolo mental.

También se aplica el sentido contrario. Si, por cualquier razón, a usted le desagradara la palabra *miel*, eso le impediría probarla. Si usted tuviera una fuerte aversión a la palabra Dios, lo que es una forma negativa del apego, usted podría estar negando no sólo la palabra sino también la realidad que señala. Usted estaría separándose de la posibilidad de experimentar esa realidad. Todo esto está, por supuesto, intrínsecamente relacionado con estar identificado con su mente.

Así que, si una palabra ya no funciona para usted, abandónela y reemplácela por otra que sirva. Si no le gusta la palabra *pecado*, entonces llámelo inconsciencia o locura. Esto puede acercarlo a la verdad, a la realidad que hay detrás de la palabra, más que una palabra como *pecado*, que ha sido mal usada durante mucho tiempo, y que al mismo tiempo deje poca posibilidad de culpa.

Tampoco me gustan esas palabras. Implican que hay algo mal en mí. Se me juzga.

Por supuesto que hay algo mal en usted, y no está siendo juzgado.

No pretendo ofenderlo personalmente, ¿pero no pertenece a la raza que ha matado más de cien millones de miembros de su especie solamente en el siglo XX?

¿Usted habla de culpa por analogía?

No es una cuestión de culpa. Pero mientras esté dominado por la mente egotista, usted forma parte de la locura colectiva. Quizá no ha observado muy profundamente la condición humana en su estado de dependencia de la mente egotista. Abra los ojos y observe el miedo, la desesperación, la avidez y la violencia que invaden todo. Observe la horrible crueldad y el sufrimiento en una escala inimaginable que los seres humanos han infligido y continúan infligiendo tanto unos a otros como a las demás formas de vida del planeta. No necesita condenar. Simplemente observe. Ese es el pecado. Esa es la locura. Esa es la inconsciencia. Sobre todo, no olvide observar su propia mente. Busque la raíz de la locura allí.

ENCONTRAR SU REALIDAD INVISIBLE E INDESTRUCTIBLE

Usted dijo que la identificación con nuestra forma física es parte de la ilusión, así pues ¿cómo puede el cuerpo, la forma física, llevar al descubrimiento del Ser?

El cuerpo que usted puede ver y tocar no puede llevarlo al Ser. Pero este cuerpo visible y tangible es sólo nuestra cáscara exterior, o más bien una percepción limitada y distorsionada de una realidad más profunda. En su estado natural de unión con el Ser, esta realidad más profunda puede sentirse en todo momento como el cuerpo interior, la presencia animadora que hay en su interior. Así pues, "habitar el cuerpo" es sentir el cuerpo desde adentro, sentir la vida dentro del cuerpo y por lo tanto llegar a saber que usted existe más allá de la forma externa.

Pero esto es sólo el comienzo de un viaje interior que lo llevará aún más profundamente a un reino de gran quietud y paz, pero al mismo tiempo de gran poder y vida vibrante. Al principio, usted puede tener sólo destellos fugaces de ello, pero por medio de ellos empezará a darse cuenta de que no es solamente un fragmento insignificante en un universo ajeno, suspendido brevemente entre el nacimiento y la muerte, con la posibilidad sólo de breves placeres seguidos de dolor y por último de la aniquilación. Bajo su forma exterior, usted está conectado con algo tan vasto, tan inconmensurable y sagrado que no puede concebirse ni expresarse, sin embargo estoy hablando de ello ahora. Estoy hablando de ello, no para darle algo en que creer sino para mostrarle cómo puede usted conocerlo por sí mismo.

Usted está separado del Ser mientras su mente toma toda su atención. Cuando esto ocurre — y ocurre continuamente para la mayoría de las personas — usted no está en su cuerpo. La mente absorbe toda su conciencia y la transforma en material mental. Usted no puede dejar de pensar. El pensamiento compulsivo se ha convertido en una enfermedad colectiva. Todo su sentido de quién es usted se deriva entonces de la actividad de la mente. Su identidad, puesto que ya no está arraigada en el Ser, se convierte en un constructo mental vulnerable y siempre necesitado, que crea el miedo como la emoción subyacente predominante. Lo único que verdaderamente importa está entonces ausente de su vida: la conciencia de su ser más profundo, su realidad invisible e indestructible.

Para llegar a ser consciente del Ser usted tiene que recuperar conciencia de la mente. Esta es una de las tareas más esenciales en su viaje espiritual. Liberará grandes cantidades de conciencia que habían estado atrapadas antes en un pensamiento inútil y compulsivo. Una forma muy efectiva de hacer esto es simplemente alejar su atención del pensamiento y dirigirla al cuerpo, donde el Ser puede sentirse en primera instancia como el campo de energía invisible que da vida a lo que usted percibe como el cuerpo físico.

CONECTARSE CON EL CUERPO INTERIOR

Por favor, inténtelo ahora. Para esta práctica puede ayudarle cerrar los ojos. Más tarde, cuando "estar en el cuerpo" se haya vuelto natural y fácil, ya no será necesario. Dirija su atención al cuerpo. Siéntalo desde dentro. ¿Está vivo? ¿Hay vida en sus manos, en sus brazos, piernas y pies? ¿En su abdomen, en su pecho? ¿Puede sentir el sutil campo de energía que impregna todo el cuerpo y da vida vibrante a cada órgano y a cada célula? ¿Puede sentirlo simultáneamente en todas las partes del cuerpo como un solo campo de energía? Siga concentrándose en la percepción de su cuerpo interior por unos momentos. No comience a pensar en él. Siéntalo. Cuanta más atención le preste, más clara y más fuerte se hará esta sensación. Se sentirá como si cada célula estuviera más viva y si usted tiene un fuerte sentido visual, puede tener una imagen de que su cuerpo se vuelve luminoso. Aunque esa imagen puede ayudarlo temporalmente, preste más atención a la sensación que a cualquier imagen que pueda surgir. Una imagen, no importa lo poderosa o bella que sea, está ya definida en una forma, así que hay menos oportunidad de penetrar más profundamente.

∫

La percepción de su cuerpo interior carece de forma, de límites, es insondable. Usted puede siempre profundizar más en él. Si no puede sentir mucho en esta etapa, preste atención a lo que *puede* sentir. Quizá hay sólo un ligero hormigueo en sus manos o pies. Es suficiente por el momento. Concéntrese en la percepción. Su cuerpo está tomando vida. Más adelante practicaremos algo más. Por favor abra los ojos ahora, pero mantenga algo de su atención en el campo de energía interna del cuerpo incluso mientras observa la habitación. El cuerpo interior está en el umbral entre su identidad formal y su identidad esencial, su verdadera naturaleza. Nunca pierda el contacto con él.

∫

LA TRANSFORMACIÓN A TRAVÉS DEL CUERPO

¿Por qué la mayoría de las religiones han condenado o negado el cuerpo? Parece que los que buscan la realización espiritual siempre han considerado el cuerpo como un obstáculo o incluso como algo pecaminoso.

¿Por qué tan pocos de los que buscan han encontrado?

En el nivel del cuerpo los hombres están muy cerca de los animales. Todas las funciones corporales básicas — placer, dolor, respiración, comida, bebida, defecación, sueño, el impulso de buscar pareja y de procrear, y por supuesto el nacimiento y la muerte — las compartimos con los animales. Mucho tiempo después de su caída desde un estado de gracia y unidad a la ilusión, los seres humanos despertaron súbitamente en lo que parecía ser un cuerpo animal y encontraron esto muy molesto. "No te engañes a ti mismo. No eres más que un animal". Esta parecía ser la verdad que les miraba a la cara. Pero era demasiado perturbadora para tolerarla. Adán y Eva vieron que estaban desnudos y tuvieron miedo. La negación inconsciente de su naturaleza animal se estableció muy rápidamente. La amenaza de que podían ser dominados por fuerzas instintivas poderosas y volver a una inconsciencia completa era ciertamente muy real. Aparecieron la vergüenza y los tabúes acerca de ciertas partes del cuerpo y ciertas funciones corporales, especialmente la sexualidad. La luz de su conciencia no era todavía suficientemente fuerte para tener amistad con su naturaleza animal, para permitirle *ser* e incluso gozar ese aspecto de sí mismos, no digamos profundizar para encontrar lo divino oculto en ella, la realidad dentro de la ilusión. Así pues, hicieron lo que tenían que hacer. Comenzaron a disociarse de su cuerpo. Ahora se veían a sí mismos como *teniendo* un cuerpo, en lugar de simplemente ser un cuerpo.

Cuando surgieron las religiones, esta disociación se volvió aún más pronunciada como la creencia de que "tú no eres tu cuerpo". Innumerables personas en Oriente y Occidente a través de los tiempos han tratado de encontrar a Dios, la salvación o la iluminación por medio de la negación del cuerpo. Esta tomó la forma de negación de los placeres de los sentidos y de la sexualidad en particular, el ayuno y otras prácticas ascéticas. Incluso se infligían dolor corporal en un intento por debilitarlo o castigarlo ya que lo consideraban pecaminoso. En la Cristiandad esto solía llamarse la mortificación de la carne. Otros intentaron escapar del cuerpo entrando en estados de trance o buscando experiencias extracorporales. Muchos aún lo hacen. Incluso se dice que el Buda practicó la negación del cuerpo por el ayuno y otras formas extremas de ascetismo durante seis años, pero no alcanzó la iluminación hasta después de abandonar esta práctica.

El hecho es que nunca nadie ha llegado a ser iluminado negando o luchando contra el cuerpo o por medio de una experiencia extracorporal. Aunque una experiencia de este tipo puede ser fascinante y darle a usted un atisbo del estado de liberación de la forma material, finalmente siempre tendrá que volver al cuerpo, donde ocurre el trabajo esencial de transformación. La transformación ocurre *a través* del cuerpo, no lejos de él. Por eso ningún maestro verdadero ha defendido nunca luchar contra el cuerpo o negarlo, aunque sus seguidores basados en la mente lo han hecho a menudo.

De las enseñanzas antiguas concernientes al cuerpo, sólo sobreviven ciertos fragmentos, tales como la afirmación de Jesús de que "Todo vuestro cuerpo se llenará de luz", o sobreviven como mitos, como la creencia de que Jesús nunca abandonó su cuerpo, sino que permaneció unido a él y ascendió al "cielo" con él. Casi nadie hasta ahora ha comprendido estos fragmentos o el significado oculto de ciertos mitos y la creencia de que "tú no eres tu cuerpo" ha prevalecido universalmente, llevando a la negación del cuerpo y a los intentos por escapar de él. Así, innumerables buscadores no han podido alcanzar la realización espiritual y llegar a encontrar lo que buscaban.

¿Es posible recuperar las enseñanzas perdidas sobre la significación del cuerpo o reconstruirlas a partir de los fragmentos existentes?

No hay necesidad de hacerlo. Todas las enseñanzas espirituales se originan en la misma Fuente. En ese sentido, hay y siempre ha habido sólo un maestro, que se manifiesta en formas muy diferentes. Yo soy ese maestro y también lo es usted, una vez que pueda acceder a la Fuente interior. Y el camino hacia ella es a través del cuerpo interior. Aunque todas las enseñanzas espirituales se originan en la misma Fuente, una vez que se verbalizan y se escriben, obviamente no son más que colecciones de palabras, y una palabra no es más que un poste indicador, como hemos dicho antes. Todas estas enseñanzas son guías que señalan el camino de retorno a la Fuente.

Ya he hablado de la Verdad que está escondida dentro de su cuerpo, pero resumiré de nuevo las enseñanzas perdidas de los maestros, así que aquí tiene otro poste indicador. Por favor, propóngase sentir su cuerpo interior mientras lee.

EL SERMÓN SOBRE EL CUERPO

Lo que usted percibe como una estructura física densa llamada el cuerpo, que está sujeta a la enfermedad, a la vejez y a la muerte, no es usted. Es una percepción errónea de su realidad esencial que está más allá del nacimiento y la muerte y se debe a las limitaciones de su mente que, habiendo perdido contacto con el Ser, crea el cuerpo como evidencia de su creencia ilusoria en la separación y para justificar su estado de miedo. Pero no se aparte del cuerpo, porque en este símbolo de impermanencia, limitación y muerte que usted percibe como la creación ilusoria de su mente está escondido el esplendor de su realidad esencial e inmortal. No dirija su atención a ninguna otra parte en su búsqueda de la Verdad, porque no la va a encontrar en ninguna otra parte sino dentro de su cuerpo.

No luche contra el cuerpo, porque al hacerlo está luchando contra su propia realidad. Usted *es* su cuerpo. El cuerpo que usted puede ver y tocar es sólo un delgado velo ilusorio. Bajo él yace el cuerpo interior invisible, la puerta de entrada al Ser, a la Vida no Manifestada. A través del cuerpo interior usted está unido inseparablemente a esta Vida Única no manifestada, sin nacimiento, sin muerte, eternamente presente. A través del cuerpo interior usted es uno con Dios por siempre.

∫

TENGA RAÍCES INTERIORES PROFUNDAS

La clave es estar en un estado de conexión permanente con su cuerpo interior, sentirlo en todo momento. Esto dará rápidamente profundidad a su vida y la transformará. Cuanta más conciencia dirija hacia el cuerpo interior, más alta se vuelve la frecuencia de vibraciones, muy similar a una luz que se vuelve más brillante según usted suba el botón regulador y aumente así el flujo de electricidad. A este nivel de energía más alto, la negatividad no puede afectarlo ya y usted tiende a atraer nuevas circunstancias que reflejan esa frecuencia más alta.

Si usted mantiene su atención en el cuerpo lo más posible, estará anclado en el Ahora. No se perderá en el mundo externo ni en su mente. Los pensamientos y las emociones, los miedos y los deseos, pueden estar aún ahí en cierta medida, pero no lo dominarán.

Por favor, examine dónde está su atención en este momento. Usted me está escuchando o está leyendo estas palabras en un libro. Ese es el punto de su atención. También es consciente periféricamente de lo que le rodea, de las demás personas, etc. Además puede haber cierta actividad de la mente sobre lo que usted está oyendo o leyendo, algún comentario mental. Sin embargo no hay necesidad de que nada de esto absorba *toda* su atención. Observe si puede estar en contacto con su cuerpo interior al mismo tiempo, Conserve parte de su atención dentro. No la deje fluir afuera. Sienta la totalidad de su cuerpo desde dentro, como un único campo de energía. Es casi como si estuviera escuchando o leyendo con todo su cuerpo. Practique esto en los próximos días o semanas.

No conceda toda su atención a la mente y al mundo exterior. Concéntrese por todos los medios en lo que está haciendo, pero sienta el cuerpo interior al mismo tiempo siempre que sea posible. Permanezca arraigado en su interior. Entonces observe cómo cambia su estado de conciencia y la calidad de lo que está haciendo.

Siempre que esté esperando, dondequiera que sea, emplee ese tiempo en sentir el cuerpo interior. De esta forma los embotellamientos de tráfico y las colas se vuelven muy agradables. En lugar de proyectarse fuera del Ahora, entre más profundamente en él al profundizar más en el cuerpo.

El arte de la conciencia del cuerpo interior se desarrollará en un modo de vivir completamente nuevo, un estado de unión permanente con el Ser y añadirá una profundidad a su vida que no ha conocido antes.

Es fácil permanecer presente como el observador de su mente cuando está profundamente arraigado en su cuerpo. No importa lo que ocurra en el exterior, nada puede hacerlo temblar ya.

A menos que usted esté presente — y habitar su cuerpo es siempre un aspecto esencial en ello — continuará siendo dominado por su mente. El guión que hay en su cabeza y que aprendió hace mucho tiempo, el condicionamiento de su mente, decidirá su pensamiento y su conducta. Puede que usted se libre de él por breves intervalos, pero rara vez por mucho tiempo. Esto es especialmente cierto cuando algo "anda mal" o hay alguna pérdida o un trastorno. Su reacción condicionada será entonces involuntaria, automática y predecible, alimentada por la única emoción básica que subyace en el estado de conciencia de identificación con la mente: el miedo.

Así que cuando lleguen esos retos, como siempre llegan, convierta en un hábito entrar dentro de usted de inmediato y concentrarse lo más que pueda en el campo de energía interior de su cuerpo. Esto no tiene que tomar mucho tiempo, sólo unos segundos. Pero necesita hacerlo en el momento en que se presenta el reto. Cualquier demora permitirá que surja una reacción mental-emocional condicionada y se apodere de usted. Cuando usted se concentra en su interior y siente el cuerpo interior, inmediatamente se vuelve tranquilo y presente pues está retirando la conciencia de la mente. Si se requiere una respuesta en esa situación, vendrá de este nivel más profundo. Lo mismo que el sol es infinitamente más brillante que la llama de una vela, hay infinitamente más inteligencia en el Ser que en su mente.

Mientras esté en contacto consciente con su cuerpo interior, usted es como un árbol que está profundamente arraigado en la tierra, o un edificio con cimientos profundos y sólidos. La última analogía es usada por Jesús en la parábola generalmente mal entendida de los dos hombres que construyeron una casa. Un hombre la construye en la arena, sin cimientos y cuando llegan las tormentas y las inundaciones, la casa es barrida. El otro hombre *cava profundamente* hasta que encuentra roca, entonces construye su casa, que no es arrastrada por las inundaciones.

ANTES DE ENTRAR EN EL CUERPO, PERDONE

Me sentí muy incómodo cuando traté de poner mi atención en el cuerpo interior. Había una sensación de agitación o náusea. Por ello no he podido experimentar eso de lo que habla.

Lo que usted sintió fue una emoción que estaba ahí, de la que probablemente no era consciente, hasta que empezó a prestar atención al cuerpo. A menos que le preste atención antes, la emoción le impedirá tener acceso al cuerpo interior, que está a un nivel más profundo bajo ella. Atención no significa que empiece a *pensar* en ella. Significa solamente observar la emoción, sentirla plenamente y así reconocerla y aceptarla como es. Algunas emociones se identifican fácilmente: ira, temor, tristeza, etcétera. Otras pueden ser mucho más difíciles de clasificar. Pueden ser sólo vagas sensaciones de desasosiego, pesadez o encerramiento, a mitad de camino entre una emoción y una sensación física. En cualquier caso, lo que importa no es si usted puede ponerles una etiqueta mental, sino si puede traer la sensación de la misma a la conciencia lo más posible. La atención es la clave de la transformación y una atención plena también implica aceptación. La atención es como un haz de luz, el poder concentrado de su conciencia que lo transmuta todo en sí misma.

En un organismo completamente funcional, una emoción tiene un lapso de vida muy corto. Es como una pequeña arruga u ola en la superficie del Ser. Cuando usted no está en su cuerpo, sin embargo, una emoción puede sobrevivir en usted durante días o semanas o unirse con otras emociones de frecuencia similar que se han fundido y se convierten en el cuerpo del dolor, un parásito que puede vivir dentro de usted durante años, alimentarse de su energía, llevar a la enfermedad física y hacer su vida desdichada (vea el capítulo dos).

Así pues, ponga su atención en sentir la emoción y compruebe si su mente se está aferrando a un patrón de queja como la censura, la autocompasión o el resentimiento, que alimentan la emoción. Si ese es el caso, significa que usted no ha perdonado. La falta de perdón es a menudo hacia otra persona o hacia usted, pero puede ser hacia cualquier situación o condición — pasada, presente o futura — que su mente rehusa aceptar. Sí, puede haber falta de perdón incluso con relación al futuro. Este es el rechazo de la mente a aceptar la inseguridad, a aceptar que el futuro está en últimas más allá de su control. El perdón es abandonar la queja y dejar ir la tristeza. Ocurre naturalmente una vez usted se da cuenta de que su queja no tiene ningún propósito excepto fortalecer un falso sentido de uno mismo. El perdón es no ofrecer resistencia a la vida, permitir a la vida vivir a través de usted. Las alternativas son el dolor y el sufrimiento, un flujo de energía vital muy restringido y en muchos casos, la enfermedad física.

En el momento en que usted de verdad perdona, ha recuperado el poder que estaba en su mente. La falta de perdón es la misma naturaleza de la mente, igual que el falso ser hecho por la mente, el ego, no puede sobrevivir sin lucha y conflicto. La mente no puede perdonar. Sólo *usted* puede. Usted se hace presente, entra en su cuerpo, siente la paz y quietud vibrantes que emanan del Ser. Por eso Jesús dijo: "Antes de entrar en el templo, perdonen".

∫

SU VÍNCULO CON LO NO MANIFESTADO

¿Cuál es la relación entre la presencia y el cuerpo interior?

La presencia es conciencia pura, conciencia reclamada a la mente, al mundo de la forma. El cuerpo interior es *su* vínculo con lo No Manifestado y en su aspecto más profundo *es* lo No Manifestado: la Fuente de la cual emana la conciencia como la luz emana del sol. La conciencia del cuerpo interior es la conciencia que recuerda su origen y retorna a la Fuente.

¿Lo No Manifestado es lo mismo que el Ser?

Sí. Las palabras *No Manifestado* intentan, por medio de la negación, expresar Aquello que no puede ser expresado, pensado o imaginado. Apuntan a lo que *es*, diciendo lo que *no* es. El *Ser*, por otra parte, es un término positivo. Por favor, no se apegue a ninguna de esas palabras ni empiece a creer en ellas. No son más que postes indicadores.

Usted dijo que la presencia es conciencia que se ha ganado a la mente. ¿Quién la recupera?

Usted. Pero ya que en esencia usted es conciencia, podríamos decir también que es un despertar de la conciencia del sueño de la forma. Esto no quiere decir que su propia forma se desvanecerá instantáneamente en una explosión de luz. Usted puede continuar teniendo su forma presente y sin embargo ser consciente de lo que no tiene forma, que nunca muere y que está en lo profundo de usted.

Debo admitir que esto va mucho más allá de mi comprensión y sin embargo en algún nivel profundo parece que sé de qué está usted hablando. Es más una sensación que otra cosa. ¿Me estoy engañando a mí mismo?

No. La sensación lo llevará más cerca a la verdad de quién es usted que el pensamiento. No puedo decirle nada que en el fondo no sepa ya. Cuando usted ha alcanzado cierto grado de unión interior, reconoce la verdad cuando la oye. Si usted no ha alcanzado todavía esta etapa, la práctica de la conciencia del cuerpo traerá la profundización necesaria.

HACER MÁS LENTO EL PROCESO DE ENVEJECIMIENTO

Mientras tanto, la conciencia del cuerpo interior tiene otros beneficios en el reino físico. Uno de ellos es una reducción significativa del ritmo de envejecimiento del cuerpo físico.

Mientras que el cuerpo físico normalmente envejece y se debilita con bastante rapidez, el cuerpo interior no cambia con el tiempo, excepto que usted puede sentirlo más profundamente y convertirse en él más plenamente. Si usted tiene veinte años ahora, el campo de energía de su cuerpo interior se sentirá exactamente igual cuando tenga ochenta. Seguirá siendo vibrantemente vivo. En cuanto su estado habitual cambie de estar fuera del cuerpo y atrapado en la mente a estar dentro del cuerpo y presente en el Ahora, su cuerpo físico se sentirá más liviano, más claro, más vivo. Puesto que hay más conciencia en el cuerpo, su estructura molecular de hecho se vuelve menos densa. Más conciencia significa un debilitamiento de la ilusión de la materialidad.

Cuando usted se identifica más con este cuerpo interior que no pertenece al tiempo, que con el cuerpo exterior, cuando la presencia se vuelve su modo normal de conciencia y el pasado y el futuro no dominan ya su atención, usted no acumula ya tiempo en su psique ni en las células del cuerpo. La acumulación de tiempo como el peso psicológico del pasado y el futuro inhabilita mucho la capacidad de las células para autorregenerarse. Así que si usted habita el cuerpo interior, el cuerpo exterior envejecerá a un ritmo mucho más lento, e incluso cuando lo haga, su esencia sin tiempo brillará a través de la forma exterior y usted no dará la apariencia de una persona vieja.

¿Hay alguna evidencia específica de esto?

Pruébelo y usted *será* la evidencia.

FORTALECER EL SISTEMA INMUNOLÓGICO

Otro beneficio de esta práctica en el reino físico es un gran fortalecimiento del sistema inmunológico que ocurre cuando usted habita el cuerpo. Cuanta más conciencia trae al cuerpo, más fuerte se vuelve el sistema inmunológico. Es como si cada célula despertara y se alegrara. Al cuerpo le encanta la atención que usted le presta. Es también una potente forma de autocuración. La mayoría de las enfermedades entran cuando usted no está presente en su cuerpo. Si el amo no está presente en la casa, todo tipo de personajes sombríos se alojarán en ella. Cuando usted habita su cuerpo, será difícil que los huéspedes indeseados entren.

No sólo su sistema inmunológico físico se fortalece; su sistema inmunológico psíquico también se refuerza enormemente. Este último lo protege a usted de los campos negativos mentales y emocionales de los demás, que son muy contagiosos. Habitar el cuerpo lo protege a usted, no por medio de un escudo, sino elevando la frecuencia vibratoria de todo su campo de energía, de modo que todo lo que vibra a una frecuencia más baja como el miedo, la ira, la depresión, etcétera, existe ahora en un nivel de realidad virtualmente diferente. Ya no entra en su campo de conciencia o si lo hace, usted no necesita ofrecerle ninguna resistencia porque pasa derecho a través de usted. Por favor, no acepte o rechace simplemente lo que estoy diciendo. Póngalo a prueba.

Hay una meditación de autocuración simple, pero efectiva, que usted puede hacer siempre que necesite elevar su sistema inmunológico. Es particularmente efectiva si la usa cuando siente los primeros síntomas de una enfermedad, pero también funciona con enfermedades que están ya arraigadas si la practica frecuentemente con una concentración intensa. También contrarrestará cualquier perturbación de su campo de energía por alguna forma de negatividad. Sin embargo, no es un sustituto de la práctica diaria de estar en el cuerpo; de lo contrario, sus efectos serán sólo temporales. Aquí está.

Cuando usted no esté ocupado durante algunos minutos y especialmente por la noche antes de quedarse dormido y por la mañana antes de levantarse, "inunde" su cuerpo con conciencia. Cierre los ojos. Acuéstese sobre la espalda. Escoja diferentes partes del cuerpo para enfocar su atención, brevemente al comienzo: las manos, los pies, los brazos, las piernas, el abdomen, el pecho, etcétera. Sienta la energía vital en esas partes tan intensamente como pueda. Permanezca con cada parte quince segundos más o menos. Después, deje que su atención corra por el cuerpo como una ola unas cuantas veces, desde los pies a la cabeza y en sentido contrario de nuevo. Esto no requiere más de un minuto. Luego, sienta el cuerpo interior en su totalidad, como un único campo de energía. Mantenga esa sensación durante unos minutos. Esté intensamente presente durante ese tiempo, presente en cada célula de su cuerpo. No se preocupe si la mente logra ocasionalmente arrastrar su atención fuera del cuerpo y usted se pierde en algún pensamiento. En cuanto note que ha ocurrido esto, simplemente vuelva su atención al cuerpo interior.

DEJE QUE LA RESPIRACIÓN LO INTRODUZCA EN EL CUERPO

A veces, cuando mi mente ha estado muy activa, ha adquirido tanto impulso que encuentro imposible apartar mi atención de ella y sentir el cuerpo interior. Esto ocurre particularmente cuando entro en un patrón de preocupación o ansiedad. ¿Tiene alguna sugerencia?

Si en cualquier momento encuentra difícil entrar en contacto con el cuerpo interior, suele ser más fácil enfocarse en su respiración primero. La respiración consciente, que es una meditación poderosa en su propio sentido, lo pondrá gradualmente en contacto con el cuerpo. Siga la respiración con su atención, según entra y sale del cuerpo. Respire y sienta su abdomen expandiéndose y contrayéndose ligeramente con cada inhalación y exhalación. Si le resulta fácil visualizar, cierre los ojos y véase a sí mismo rodeado de luz o sumergido en una sustancia luminosa, un mar de conciencia. Entonces respire en esa luz. Sienta esa sustancia luminosa llenando su cuerpo y volviéndolo luminoso también. Después gradualmente concéntrese más en la sensación. Usted está ahora en su cuerpo. No se aferre a ninguna imagen visual.

∫

EL USO CREATIVO DE LA MENTE

Si usted necesita usar su mente para un propósito específico, úsela en unión de su cuerpo interior. Sólo si usted es capaz de ser consciente sin pensamiento, puede usar su mente creativamente, y la forma más fácil de entrar en este estado es a través de su cuerpo. Siempre que se necesite una respuesta, una solución o una idea creativa, deje de pensar por un momento enfocando su atención en su campo interior de energía. Tome conciencia de la quietud. Cuando vuelva a tomar el pensamiento, será fresco y creativo. En cualquier actividad del pensamiento, vuelva una costumbre ir y volver cada tanto entre el pensamiento y un tipo de oído interior, una quietud interior. Podríamos decir: no piense sólo con su cabeza, piense con todo su cuerpo.

∫ ·

EL ARTE DE ESCUCHAR

Cuando escuche a otra persona, no escuche sólo con la mente, escuche con todo su cuerpo. Sienta el campo de energía de su cuerpo interior según escucha. Esto aparta la atención del pensamiento y crea un espacio de calma que le permite escuchar verdaderamente sin la interferencia de la mente. Usted está dando espacio a la otra persona, espacio para ser. Es el don más precioso que puede dar. La mayoría de las personas no saben escuchar porque la mayor parte de su atención está ocupada en pensar. Prestan más atención a eso que a lo que la otra persona está diciendo, y ninguna a lo que realmente importa: el Ser de la otra persona bajo las palabras y la mente. Por supuesto, usted no puede sentir el Ser de otra persona sino a través del suyo. Ese es el comienzo de la realización de la unidad, que es amor. En el nivel más profundo del Ser, usted es uno con todo lo que es.

La mayoría de las relaciones humanas consisten principalmente en la interacción de unas mentes con otras, no en la comunicación de seres humanos, seres humanos en comunión. Ninguna relación puede crecer de esa forma y por eso hay tantos conflictos en las relaciones. Cuando la mente gobierna su vida, el conflicto, la disputa y los problemas son inevitables. Estar en contacto con su cuerpo interior crea un espacio claro de no-mente dentro del cual la relación puede florecer.

CAPÍTULO SIETE

PUERTAS DE ENTRADA A LO NO MANIFESTADO

ENTRAR PROFUNDAMENTE EN EL CUERPO

Puedo sentir la energía dentro de mi cuerpo, especialmente en los brazos y las piernas, pero parece que no puedo ir más profundamente, como usted sugería antes.

Hágalo en una meditación. No necesita durar mucho. De diez a quince minutos de tiempo de reloj serían suficientes. Asegúrese primero de que no hay distracciones externas tales como teléfonos o personas que puedan interrumpirlo. Siéntese en una silla, pero no se recueste. Mantenga la columna derecha. Hacer eso lo ayudará a permanecer alerta. Alternativamente, escoja su posición favorita para la meditación.

Asegúrese de que el cuerpo está relajado. Cierre los ojos. Respire unas cuantas veces profundamente. Sienta que está respirando hasta la parte baja del abdomen. Observe cómo se expande y contrae ligeramente con cada inhalación y exhalación. Después hágase consciente de todo el campo de energía interior del cuerpo. No piense en ello, *siéntalo*. Al hacer esto, usted recupera conciencia sobre la mente. Si le sirve de ayuda, use la visualización de la "luz" que describí anteriormente.

Cuando usted pueda sentir el cuerpo interior claramente como un campo único de energía, suelte cualquier imagen visual si es posible y concéntrese exclusivamente en la sensación. Si puede, abandone también cualquier imagen mental que pueda tener del cuerpo físico, Todo lo que queda entonces es un sentido de presencia o Ser que lo rodea todo, y el cuerpo interior se siente sin ningún límite. Entonces lleve su atención aún más profundamente a esa sensación. Hágase uno con ella. Mézclese con el campo de energía de modo que ya no se perciba una dualidad entre el observador y lo observado, entre usted y su cuerpo. La distinción entre lo interior y lo exterior también se disuelve, así que ya no hay cuerpo interior. Al entrar profundamente en el cuerpo usted ha trascendido el cuerpo.

Permanezca en este reino de puro Ser por el tiempo que se sienta cómodo; entonces hágase consciente de nuevo del cuerpo físico, de su respiración y de sus sentidos físicos y abra los ojos. Mire a lo que lo rodea durante unos minutos meditativamente — es decir, sin poner etiquetas mentales — y continúe sintiendo el cuerpo interior mientras lo hace.

∫

Tener acceso a ese reino sin forma es verdaderamente liberador. Lo libera del vínculo y la identificación con la forma. Es vida en su estado indiferenciado, anterior a su fragmentación en la multiplicidad. Podemos llamarlo lo No Manifestado, la Fuente invisible de todas las cosas, el Ser que hay en todos los seres. Es un reino de profunda quietud y paz, pero también de alegría e intensa vividez. Siempre que usted está presente, se vuelve en alguna medida "transparente" a la luz, a la pura conciencia que emana de esta Fuente. Usted también se da cuenta de que la luz no está separada de lo que usted es sino que constituye su misma esencia.

LA FUENTE DEL CHI

¿Lo No Manifestado es lo que en Oriente se llama chi, una especie de energía vital universal?

No. Lo No Manifestado es la *fuente* del chi. El chi es el campo de energía interior de su cuerpo. Es el puente entre su yo exterior y la Fuente. Está a mitad de camino entre lo manifestado, el mundo de la forma y lo No Manifestado. El chi puede compararse a un río o a una corriente de energía. Si usted enfoca su conciencia profundamente en el cuerpo interior, usted está siguiendo el curso de este río hacia su Fuente. Chi es movimiento, lo No Manifestado es quietud. Cuando usted alcanza un punto de absoluta quietud, que sin embargo está vibrante de vida, usted ha ido más allá del cuerpo interior y más allá del chi hasta alcanzar la Fuente misma: lo No Manifestado. Chi es el vínculo entre lo No Manifestado y el universo físico.

Así pues, si usted lleva su atención profundamente al cuerpo interior, puede alcanzar este punto, esta singularidad en la que el mundo se disuelve en lo No Manifestado y lo No Manifestado toma forma como la corriente de energía del chi, que entonces se convierte en el mundo. Este es el punto del nacimiento y la muerte. Cuando su conciencia está dirigida al exterior, surgen la mente y el mundo. Cuando está dirigida al interior, comprende o realiza su propia Fuente y retorna a casa, a lo No Manifestado. Entonces, cuando su conciencia vuelve al mundo manifestado, usted reasume la identidad de la forma que temporalmente abandonó. Usted tiene un nombre, un pasado, una situación vital, un futuro. Pero en un sentido esencial usted no es la misma persona que era antes: usted habrá visto una realidad dentro de sí mismo que no es "de este mundo", aunque no está separada de él, como no está separada de usted.

Ahora deje que su práctica espiritual sea esta: cuando vaya por la vida, no le dé toda su atención al mundo externo y a su mente. Mantenga algo de ella en el interior. He hablado de esto ya. Sienta el cuerpo interior incluso cuando esté metido en las actividades diarias, especialmente cuando se trate de relaciones o esté en contacto con la naturaleza. Sienta la quietud que hay en lo profundo de él. Mantenga abierta la puerta de entrada. Es perfectamente posible ser consciente de lo No Manifestado a lo largo de su vida. Se siente como una sensación profunda de paz en el fondo, una quietud que nunca lo abandona, no importa lo que ocurra afuera. Usted se convierte en un puente entre lo No Manifestado y lo manifestado. Entre Dios y el mundo. Este es el estado de unión con la Fuente que llamamos iluminación.

No tenga la impresión de que lo No Manifestado está separado de lo manifestado. ¿Cómo podría ser así? Es la vida que hay dentro de cada forma, la esencia interior de todo lo que existe. Empapa este mundo. Permítame explicarlo.

EL DORMIR SIN SUEÑOS

Usted hace un viaje a lo No Manifestado cada noche cuando entra en la fase de dormir profundo sin sueños. Usted se funde con la

Fuente. Extrae de ella la energía vital que lo sostiene por un tiempo cuando regresa a lo manifestado, al mundo de las formas separadas. Esta energía es mucho más vital que la comida: "No sólo de pan vive el hombre". Pero en el dormir sin sueños, usted no entra en ella conscientemente. Aunque las funciones corporales están operando todavía "usted" ya no existe en ese estado. ¿Puede imaginar cómo sería entrar en el dormir sin sueños con conciencia plena? Es imposible imaginarlo, porque ese estado no tiene contenido.

Lo No Manifestado no lo libera hasta que entra en ello conscientemente. Por eso Jesús no dijo: la verdad los hará libres, sino más bien: "Ustedes conocerán la verdad y la verdad los hará libres". No es una verdad conceptual. Es la verdad de la vida eterna más allá de la forma, que se conoce directamente o no se conoce. Pero no intente permanecer consciente en el dormir sin sueños. Es muy poco probable que lo logre. Cuando mucho, puede que permanezca consciente durante la fase de los sueños, pero no más allá de eso. Esto se llama un soñar lúcido, que puede ser interesante y fascinante, pero no liberador.

Así pues, use su cuerpo interior como un portal a través del cual usted entra en lo No Manifestado y mantenga ese portal abierto para mantenerse conectado con la Fuente en toda ocasión. No hay diferencia en cuanto al cuerpo interior, si el cuerpo físico es viejo o joven, frágil o fuerte. El cuerpo interior está fuera del tiempo. Si usted no puede todavía sentir el cuerpo interior, use otra puerta, aunque en últimas todas son una. De algunas ya he hablado extensamente. Pero las mencionaré de nuevo aquí brevemente.

OTRAS PUERTAS

El Ahora puede considerarse la puerta principal. Es un aspecto esencial de todas las otras, incluido el cuerpo interior. Usted no puede estar *en su cuerpo* sin estar intensamente presente en el Ahora.

El tiempo y lo manifestado están ligados tan inextricablemente como lo están el Ahora sin tiempo y lo No Manifestado. Cuando usted disuelve el tiempo psicológico por medio de la conciencia intensa del momento presente, usted se vuelve consciente de lo No Manifestado tanto directa como indirectamente. Directamente, lo siente como la irradiación y el poder de su presencia consciente, sin contenido, sólo presencia. Indirectamente, usted es consciente de lo No Manifestado a través del reino sensorial. En otras palabras, usted siente la esencia de Dios en cada criatura, en cada flor, en cada piedra y usted comprende "Todo lo que es, es santo". Por eso Jesús, hablando completamente desde su esencia o identidad de Cristo, dice en el Evangelio apócrifo de Tomás: "Rompan un trozo de madera; yo estoy allá. Levanten una piedra y me encontrarán allá".

Otra puerta a lo No Manifestado se produce dejando de pensar. Esto puede empezar con algo muy sencillo, como hacer una respiración consciente o mirar una flor en un estado de alerta intensa, de modo que no haya un comentario mental al mismo tiempo. Hay muchas formas de producir una brecha en la corriente incesante de pensamiento. De eso se trata fundamentalmente la meditación. El pensamiento es parte del reino de lo manifestado. La actividad mental continua lo mantiene aprisionado en el mundo de las formas y se convierte en una pantalla opaca que le impide hacerse consciente de lo No Manifestado, de la esencia sin forma y sin tiempo de Dios que hay en usted y en todas las formas y las criaturas. Cuando usted está intensamente presente, no necesita preocuparse de la detención del pensamiento, por supuesto, porque entonces la mente se detiene automáticamente. Por eso he dicho que el Ahora es un aspecto esencial de cualquier otra puerta.

La entrega — el abandono de la resistencia mental-emocional a lo que *es* — también se convierte en una puerta hacia lo No Manifestado. La razón para ello es sencilla: la resistencia interior lo separa de las demás personas, de usted mismo, del mundo que lo rodea. Fortalece la sensación de separación de la que el ego depende para su supervivencia. Cuanto más fuerte es la sensación de separación, más atado está usted al mundo de lo manifestado, al mundo de las formas separadas. Cuanto más atado está al mundo de la forma, más dura e impenetrable se vuelve su identidad formal. La puerta está cerrada y usted está separado de la dimensión interior, de la dimensión de la profundidad. En el estado de entrega su identidad formal se suaviza y se vuelve en cierta forma "transparente", por decirlo así, de modo que lo No Manifestado puede brillar a través de usted.

Depende de usted abrir una puerta en su vida que le dé acceso consciente a lo No Manifestado. Entre en contacto con el campo de energía del cuerpo interior, esté intensamente presente, deje de identificarse con la mente, entréguese a lo que *es,* esas son todas las puertas que puede usar, pero sólo necesita usar una.

¿Seguramente el amor debe ser una de esas puertas?

No lo es. Tan pronto como una de esas puertas se abre, el amor está presente en usted como la percepción-realización de la unidad. El amor no es una puerta; es lo que entra en este mundo a través de ella. Mientras esté completamente atrapado en su identidad formal, no puede haber amor. Su tarea no es buscar amor sino encontrar una puerta a través de la cual el amor pueda entrar.

EL SILENCIO

¿Hay otras puertas además de las que acaba de mencionar?

Sí. Lo No Manifestado no está separado de lo manifestado. Impregna este mundo, pero está tan bien disfrazado que casi todo el mundo se lo pierde por completo. Si usted sabe dónde buscar, lo encontrará en todas partes. Se abre una puerta a cada momento.

   ¿Oye aquel perro que ladra en la distancia? ¿O ese gato que pasa? Escuche cuidadosamente. ¿Puede sentir la presencia de lo No Manifestado en eso? ¿No puede? Búsquelo en el silencio del que surgen los sonidos y al que los sonidos retornan. Preste más atención al silencio que a los sonidos. Prestar atención al silencio exterior crea silencio interior: la mente se vuelve tranquila. Se está abriendo una puerta.

   Todo sonido nace del silencio, muere en el silencio y durante su tiempo de vida está rodeado de silencio. El silencio permite al sonido ser. Es una parte intrínseca, pero no manifestada de todo sonido, de toda nota musical, de toda canción, de toda palabra. Lo No Manifestado está presente en este mundo como silencio. Por eso se ha dicho que nada en este mundo se parece tanto a Dios como el silencio. Todo lo que usted tiene que hacer es prestarle atención. Incluso durante una conversación, hágase consciente de los espacios entre las palabras, los breves intervalos de silencio que hay entre las frases. Mientras hace eso, la dimensión de quietud crece dentro de usted. Usted no puede prestar atención al silencio sin volverse sereno interiormente a la vez. Usted ha entrado en lo No Manifestado.

EL ESPACIO

Lo mismo que el sonido no puede existir sin silencio, nada puede existir sin la nada, sin el espacio vacío que permite ser. Todo objeto físico o cuerpo ha surgido de la nada, está rodeado de nada y eventualmente retornará a la nada. No sólo eso, sino que incluso dentro de cada cuerpo físico hay más "nada" que "algo". Los físicos nos hablan de que la solidez de la materia es una ilusión. Incluso la materia aparentemente sólida, incluyendo su cuerpo físico, es casi un ciento por ciento espacio vacío, tan vastas son las distancias entre cada átomo, comparadas con su tamaño. Es más, incluso en el interior de cada átomo hay, sobre todo, espacio vacío. Lo que queda es más parecido a una frecuencia vibratoria que a partículas de materia sólida, más como una nota musical. Los budistas han sabido esto durante más de 2.500 años. "La forma es vacío, el vacío es forma", afirma el *Sutra del Corazón*, uno de los textos budistas antiguos mejor conocidos. La esencia de todas las cosas es el vacío.

Lo No Manifestado no sólo está presente en este mundo como silencio; también impregna todo el universo físico como espacio, interior y exteriormente. Esto es tan fácil de pasar desapercibido como el silencio. Todo el mundo presta atención a las cosas que hay en el espacio, ¿pero quién presta atención al espacio en sí mismo?

Usted parece querer decir que el "vacío" o la "nada" no es simplemente nada, que hay alguna cualidad misteriosa en ello. ¿Qué es esa nada?

No se puede hacer una pregunta así. Su mente está tratando de convertir la nada en algo. En el momento en que usted la convierte en algo, pierde su significado. La nada — el espacio — es la apariencia de lo No Manifestado como un fenómeno externo en un mundo percibido por los sentidos. Eso es todo lo que uno puede decir sobre ella, e incluso así es una especie de paradoja. No puede convertirse en un objeto de conocimiento. No puede usted hacer un doctorado en "nada". Cuando los científicos estudian el espacio, generalmente lo convierten en algo y por lo tanto pierden completamente su esencia. No es sorprendente que la última teoría diga que el espacio no es en absoluto vacío, que está lleno de algún tipo de sustancia. En cuanto usted tiene una teoría, no es demasiado difícil sustentarla, al menos hasta que aparece otra teoría.

La "nada" sólo puede convertirse en una puerta hacia lo No Manifestado si usted no intenta atraparla o comprenderla.

¿No es eso lo que estamos haciendo aquí?

Absolutamente no. Le estoy dando indicadores para mostrarle cómo puede traer la dimensión de lo No Manifestado a su vida. No estamos tratando de comprenderlo. No hay nada que entender.

El espacio no tiene "existencia". "Existir" literalmente significa "perdurar". Usted no puede comprender el espacio porque no perdura. Aunque en sí mismo no tiene existencia, permite que todo lo demás exista. El silencio tampoco tiene existencia, lo mismo que lo No Manifestado.

Así pues ¿qué ocurre si usted retira su atención de los objetos del espacio y se hace consciente del espacio mismo? ¿Cuál es la esencia de este cuarto? Los muebles, los cuadros y lo demás están *en* el cuarto, pero no son el cuarto. El suelo, las paredes y el techo definen el límite del cuarto, pero no son el cuarto tampoco. Así pues ¿cuál es la esencia del cuarto? El espacio, por supuesto, el espacio vacío. No habría "cuarto" sin él.

Puesto que el espacio es "nada", podemos decir que lo que *no* está es más importante que lo que está. Así pues, hágase consciente del espacio que lo rodea. No piense en él. Siéntalo. Preste atención a la "nada".

Mientras hace eso, ocurre un cambio de conciencia dentro de usted. Esta es la razón: el equivalente interior de los objetos en el espacio, tales como los muebles y las paredes, son los objetos de su mente: los pensamientos, las emociones y los objetos de los sentidos. Y el equivalente interior del espacio es la conciencia que permite a los objetos de su mente ser, lo mismo que el espacio permite ser a todas las cosas. Así que si usted retira la atención de las *cosas* — objetos en el espacio — automáticamente retira la atención de los objetos de la mente. En otras palabras: no puede pensar y ser *consciente* del espacio o del silencio, por esta razón. Al hacerse consciente del espacio vacío que lo rodea, simultáneamente usted se hace consciente del espacio de la no-mente, de la conciencia pura: lo No Manifestado. Así es como la contemplación del espacio puede ser una puerta para usted.

El espacio y el silencio son dos aspectos de la misma cosa, la misma nada. Son una exteriorización del espacio y el silencio interiores, que son quietud: la matriz infinitamente creativa de toda la existencia. La mayoría de los seres humanos son completamente inconscientes de esta dimensión. No hay espacio interior, ni quietud. Están desequilibrados. En otras palabras, conocen el mundo, o creen que lo conocen, pero no conocen a Dios. Se identifican exclusivamente con su propia forma física y psicológica, inconscientes de la esencia. Y puesto que toda forma es altamente inestable, viven en el temor. Este temor produce una percepción profundamente equivocada de sí mismos y de los demás seres humanos, una distorsión en su visión del mundo.

Si una convulsión cósmica llevara al fin de nuestro mundo, lo No Manifestado permanecería totalmente intacto. *Un Curso sobre Milagros* expresa esta verdad muy agudamente: "Nada real puede ser amenazado. Nada irreal existe. En esto reside la paz de Dios".

Si usted permanece en conexión consciente con lo No Manifestado, entonces usted valora, ama y respeta profundamente lo manifestado y toda forma de vida que hay en ello como expresión de la Vida Una que está más allá de la forma. Usted también sabe que toda forma está destinada a disolverse de nuevo y que en últimas, nada de lo que hay allí afuera importa tanto. Usted ha "superado el mundo" en palabras de Jesús o, como Buda dijo, usted ha "cruzado a la otra orilla".

LA VERDADERA NATURALEZA DEL ESPACIO Y DEL TIEMPO

Ahora considere esto: si no hubiera nada más que silencio, no existiría para usted; usted no sabría lo que es. Sólo cuando aparece el sonido el silencio empieza a ser. De la misma manera, si sólo hubiera espacio sin objetos en él, no existiría para usted. Imagínese a sí mismo como un punto de conciencia flotando en la vastedad del espacio, sin estrellas, sin galaxias, sólo vacío. Súbitamente el espacio ya no sería vasto: no sería en absoluto. No habría velocidad, ni movimiento de aquí hacia allá. Se necesitan al menos dos puntos de referencia para que la distancia y el espacio nazcan. El espacio empieza a ser en el momento en que el Uno se hace dos y al "dos" convertirse en "diez mil cosas", como Lao Tse llama al mundo manifestado, el espacio se vuelve más y más vasto. Así que el mundo y el espacio surgen simultáneamente.

Nada podría *ser* sin espacio, sin embargo el espacio es nada. Antes de que el universo surgiera, antes del "big bang", si quiere expresarlo así, no había un vasto espacio vacío esperando ser llenado. No había espacio, puesto que no había ninguna cosa. Sólo había lo No Manifestado, el Uno. Cuando el Uno se convirtió en "las diez mil cosas", repentinamente el espacio parecía estar allí y permitió a la multiplicidad ser. ¿De dónde surgió? ¿Fue creado por Dios para acumular el universo? Por supuesto que no. El espacio es no-cosas, por lo tanto nunca fue creado.

Salga a mirar el cielo en una noche clara. Las miles de estrellas que puede ver a simple vista no son más que una fracción infinitesimal de lo que hay allí. Se pueden detectar ya mil millones de galaxias con los telescopios más potentes, cada galaxia como un "universo aislado" que contiene miles de millones de estrellas. Sin embargo lo que sobrecoge más es la infinitud del espacio mismo, la profundidad y quietud que permite a toda esta magnificencia ser. Nada podría ser más sobrecogedor y majestuoso que la inconcebible vastedad y quietud del espacio y sin embargo, ¿qué es? Vacío, inmenso vacío.

Lo que aparece ante nosotros como espacio en nuestro universo percibido por medio de la mente y los sentidos es lo No Manifestado mismo, exteriorizado. Es el "cuerpo" de Dios. Y el milagro más grande es este: esa quietud y vastedad que permite al universo *ser* no está sólo afuera, en el espacio, también está dentro de usted. Cuando está absoluta y totalmente presente usted lo encuentra como el tranquilo espacio interior de la no-mente. Su interior es vasto en profundidad, no en extensión. La extensión espacial es en últimas una percepción errónea de la infinita profundidad, un atributo de la única realidad trascendental.

Según Einstein, el espacio y el tiempo no están separados. Realmente no lo entiendo, pero creo que lo que dice es que el tiempo es la cuarta dimensión del espacio. Lo llama el "continuo espacio-tiempo".

Sí. Lo que usted percibe externamente como espacio y tiempo son finalmente ilusorios, pero tienen un núcleo de verdad. Son los dos atributos esenciales de Dios, infinitud y eternidad, percibidos como si tuvieran una existencia fuera de usted. Dentro de usted, ambos tienen un equivalente interior que revela su verdadera naturaleza, así como la suya. Mientras que el espacio es el tranquilo e infinitamente profundo reino de la no-mente, el equivalente interior del tiempo es la presencia, la conciencia del eterno Ahora. Recuerde que no hay distinción entre ellos. Cuando el espacio y el tiempo son comprendidos en el interior como lo No Manifestado — no-mente y presencia — el espacio interior y el tiempo continúan existiendo para usted, pero se vuelven mucho menos importantes. El mundo también continúa existiendo para usted, pero ya no lo atará.

De ahí que el último propósito del mundo no esté dentro de

él sino en la trascendencia del mundo. Lo mismo que usted no sería consciente del espacio si no hubiera objetos en él, el mundo se necesita para que lo No Manifestado sea realizado. Puede que usted haya oído el dicho budista: "si no hubiera ilusión no habría iluminación". En últimas lo No Manifestado se conoce a sí mismo a través de *usted*. Usted está aquí para permitir que el divino propósito del universo se despliegue. *¡Esa es su importancia!*

LA MUERTE CONSCIENTE

Además del dormir sin sueños, que ya he mencionado, hay otra puerta involuntaria. Se abre brevemente en el momento de su muerte física. Incluso si usted ha desaprovechado todas las demás oportunidades de realización espiritual durante su vida, se le abrirá una última puerta inmediatamente después de la muerte del cuerpo.

Hay innumerables relatos de personas que han tenido una impresión visual de esta puerta como una luz radiante y después regresaron de lo que se conoce comúnmente como una experiencia cercana a la muerte. Muchos hablan también de una sensación de dichosa serenidad y de profunda paz. En el *Libro Tibetano de los Muertos*, se describe como el "luminoso esplendor de la luz sin color del vacío", que dice que es "su propio verdadero ser". Esta puerta se abre sólo brevemente y a menos que usted haya encontrado ya la dimensión de lo No Manifestado durante su vida, probablemente se lo perderá. La mayoría de las personas cargan demasiada resistencia residual, demasiado miedo, demasiado apego a la experiencia sensorial, demasiada identificación con el mundo manifestado. Así que ven la puerta, dan la vuelta llenos de miedo y después pierden la conciencia. La mayor parte de lo

que pasa después de esto es involuntario y automático. Eventualmente, habrá otra ronda de nacimiento y muerte. Su presencia no
era lo suficientemente fuerte como para acceder a la inmortalidad
consciente.

¿Así que cruzar esta puerta no significa la aniquilación?

Como con todas las otras puertas, su verdadera naturaleza radiante permanece, pero no la personalidad. En cualquier caso, cualquier cosa que sea real o de verdadero valor en su personalidad es
su verdadera naturaleza que brilla a través de ella. Eso nunca se
pierde. Nada que sea de valor, nada que sea *real* se pierde nunca.

Estar cerca y llegar a la misma muerte, la disolución de la
forma física, es siempre una gran oportunidad para la realización
espiritual. Esta oportunidad se desaprovecha trágicamente la mayoría de las veces, puesto que vivimos en una cultura que es casi
totalmente ignorante de la muerte, así como es casi totalmente
ignorante de cualquier cosa que importe verdaderamente.

Toda puerta es una puerta hacia la muerte, la muerte del falso
ser. Cuando la cruza, usted deja de derivar su identidad de su
forma psicológica, hecha por la mente. Entonces usted comprende
que la muerte es una ilusión, así como su identificación con la
forma era una ilusión. El final de la ilusión, eso es todo lo que es
la muerte. Es dolorosa sólo en la medida en que usted se aferre
a la ilusión.

CAPÍTULO OCHO

RELACIONES ILUMINADAS

ENTRE EN EL AHORA DESDE DONDE ESTÉ

Siempre pensé que la verdadera iluminación es posible sólo a través del amor en una relación entre hombre y mujer. ¿No es esto lo que nos hace completos de nuevo? ¿Cómo puede la vida estar realizada hasta que esto ocurra?

¿Es cierto eso en su experiencia? ¿Le ha ocurrido a usted?

Todavía no pero ¿cómo podría ser de otra forma? Sé que ocurrirá.

En otras palabras, usted está esperando por un evento *en el tiempo* que lo salve. ¿No es este el error fundamental del que hemos estado hablando? La salvación no está en otro lugar en el tiempo o en el espacio. Está aquí y ahora.

¿Qué quiere decir esa afirmación, "la salvación está aquí y ahora"? No la entiendo. Ni siquiera sé lo que significa salvación.

La mayoría de las personas persiguen placeres físicos o muchas formas de gratificación psicológica porque creen que esas cosas los van a hacer felices o a liberarlos de una sensación de miedo o de carencia. La felicidad puede percibirse como un sentido realzado de vida alcanzado a través del placer físico, o una sensación de sí mismo más segura y más completa lograda por medio de alguna forma de gratificación psicológica. Esta es la búsqueda de salvación a partir de un estado de insatisfacción o insuficiencia. Invariablemente, cada satisfacción que se obtiene es fugaz, y la condición de satisfacción o logro habitualmente se proyecta una vez más hacia un punto imaginario lejos del aquí y el ahora. "Cuando logre *esto* o esté libre de *aquello*, estaré bien". Esta es la actitud mental inconsciente que crea la ilusión de la salvación en el futuro.

La verdadera salvación es un estado liberación del miedo, del sufrimiento, de un estado percibido de carencia y de insuficiencia y por lo tanto de todo deseo, necesidad, codicia y apego. Es la libertad del pensamiento compulsivo, de la negatividad y sobre todo del pasado y el futuro como una necesidad psicológica. Su mente le dice que usted no puede llegar allá desde aquí. Tiene que suceder algo o usted tiene que volverse esto o aquello antes de poder ser libre y realizado. Le dice de hecho que usted necesita tiempo, que usted necesita encontrar, ordenar, hacer, lograr, adquirir, llegar a ser o comprender algo antes de ser libre o completo. Usted ve el tiempo como el medio de salvación, mientras que en verdad este es el mayor obstáculo para la salvación. Usted piensa que no puede llegar a ella desde donde está y siendo quien es usted en este momento, porque todavía no está completo o no es suficientemente bueno, pero la verdad es que aquí y ahora es el único punto desde donde usted *puede* llegar a ella. Usted "llega" allá dándose cuenta de que *está* ya allá. Usted encuentra a

Dios en el momento en que se da cuenta de que no necesita buscarlo. Así que no hay un camino *único* de salvación: puede utilizarse cualquier condición, no se necesita una condición particular. Sin embargo sólo hay un punto de acceso: el Ahora. No puede haber salvación fuera de este momento. ¿Está solo y sin pareja? Entre al Ahora desde ahí. ¿Está involucrado en una relación? Entre al Ahora desde ahí.

No hay nada que pueda hacer o alcanzar que lo acerque a la salvación más de lo que lo está en este momento. Esto puede ser difícil de comprender para una mente acostumbrada a pensar que todo lo que vale la pena está en el futuro. Ni nada de lo que usted hizo o le hicieron en el pasado le impide decir sí a lo que *es* y enfocar su atención profundamente en el Ahora. No puede hacer esto en el futuro. Lo hace ahora o no lo hace.

∫

RELACIONES DE AMOR/ODIO

Hasta que no entre en la frecuencia de conciencia de la presencia, todas las relaciones y particularmente las relaciones íntimas serán profundamente defectuosas y en últimas disfuncionales. Pueden parecer perfectas por un tiempo, como cuando está "enamorado", pero invariablemente esta perfección aparente se interrumpe cuando las discusiones, los conflictos, la insatisfacción y la violencia emocional o incluso física ocurren cada vez con mayor frecuencia. Parece ser que la mayoría de las "relaciones amorosas" se convierten en relaciones de amor/odio muy pronto. El amor puede convertirse entonces en un ataque salvaje, en sentimientos de hostilidad o en el abandono completo del afecto en un abrir y cerrar de ojos. Esto se considera normal. La relación entonces oscila por un tiempo, unos meses o unos años, entre las polaridades del "amor" y el odio, y le proporciona tanto placer como dolor. No es poco común que las parejas se vuelvan adictas a esos ciclos. Su drama los hace sentir vivos. Cuando se pierde el equilibrio entre las polaridades positiva y negativa y los ciclos negativos, destructivos, ocurren con frecuencia e intensidad crecientes, lo que tiende a ocurrir tarde o temprano, no pasará mucho tiempo antes de que la relación finalmente fracase.

Puede parecer que si usted simplemente pudiera eliminar los ciclos negativos o destructivos, todo iría bien y la relación florecería hermosamente, pero esto no es posible. Las polaridades son mutuamente interdependientes. Usted no puede tener una sin la otra. Lo positivo ya contiene en sí mismo, aunque todavía sin manifestar, lo negativo. Los dos son de hecho aspectos diferentes de la misma disfunción. Estoy hablando aquí de lo que se llama comúnmente relaciones románticas, no del verdadero amor, que no tiene contrario porque surge de un lugar más allá de la mente. El amor como un estado continuo es todavía bastante raro, tan raro como los seres humanos conscientes. Sin embargo son posibles breves y elusivos atisbos de amor, siempre que hay una ruptura en la corriente de la mente.

El lado negativo de una relación es, por supuesto, más fácilmente reconocible como disfuncional que el positivo. Y también es más fácil de reconocer la fuente de la negatividad en su pareja que en usted mismo. Puede manifestarse en muchas formas: posesividad, celos, control, retraimiento y resentimiento no manifestado, la necesidad de tener la razón, insensibilidad y enfrascamiento, reclamos emocionales y manipulación, la necesidad de discutir, criticar, juzgar, culpar o atacar, ira, revancha inconsciente por el dolor pasado infligido por un padre, rabia y violencia física. En el lado contrario, usted está "enamorado" de su pareja. Este es al principio un estado profundamente satisfactorio. Usted se siente intensamente vivo. Su existencia se ha vuelto repentinamente significativa porque alguien lo necesita, lo desea y lo hace sentir especial, y usted siente lo mismo por él o ella. Cuando están juntos, se sienten completos. El sentimiento puede volverse tan intenso que el resto del mundo se desvanece en la insignificancia.

Sin embargo, puede que usted se haya dado cuenta también de que hay una cualidad de carencia y de apego en esa intensidad. Usted se vuelve adicto a la otra persona. Él o ella actúa sobre usted como una droga. Usted está en un punto alto cuando la droga está disponible, pero incluso la posibilidad o el pensamiento de que pueda no estar ahí para usted puede llevarlo a los celos, la posesividad, los intentos de manipulación por medio del chantaje emocional, la inculpación y las acusaciones, el miedo a la pérdida. Si la otra persona lo deja, esto puede hacer surgir la más intensa hostilidad o la tristeza y la desesperación más profundas. En un instante, la ternura amorosa puede convertirse en un ataque salvaje o en una tristeza espantosa. ¿Dónde está el amor ahora? ¿Puede el amor cambiar en un instante a su contrario? ¿Era amor desde un comienzo o solamente un apego adictivo?

LA ADICCIÓN Y LA BÚSQUEDA DE LA PLENITUD

¿Por qué nos volveríamos adictos a otra persona?

La razón por la que la relación de amor romántico es una experiencia tan intensa y universalmente perseguida es que parece ofrecer la liberación de un estado profundamente arraigado de miedo, necesidad, carencia y falta de plenitud que es parte de la condición humana en su estado no redimido o iluminado. Hay una dimensión física y otra psicológica en este estado.

En el nivel físico, usted obviamente no está completo, ni lo estará nunca: es un hombre o una mujer, es decir, la mitad del todo. En este nivel, la añoranza de la plenitud — el retorno a la unidad — se manifiesta como una atracción entre el macho y la hembra, la necesidad del hombre de una mujer, la necesidad de la mujer de un hombre. Es un impulso casi irresistible de unión con la polaridad de energía contraria. La raíz de este impulso es espiritual: la añoranza del fin de la dualidad, un retorno al estado de plenitud. La unión sexual es lo más cerca que usted puede estar de este estado en el plano físico. Por eso es la experiencia más profundamente satisfactoria que puede ofrecer el reino físico. Pero la unión sexual no es más que un atisbo fugaz de la plenitud, un instante de bienaventuranza. Mientras se busque inconscientemente como un medio de salvación, usted está buscando el fin de la dualidad en el nivel de la forma, donde no puede encontrarse. Usted recibe un atisbo tantálico del cielo, pero no se le permite habitar allí y se encuentra a sí mismo de nuevo en un cuerpo separado.

En el nivel psicológico, la sensación de carencia y de falta de plenitud es, acaso, aún mayor que en el nivel físico. Mientras esté identificado con la mente, usted tiene un sentido de sí mismo derivado del exterior. Es decir, usted obtiene el sentido de quién es de cosas que en últimas no tienen nada que ver con quién es usted: su papel social, las posesiones, la apariencia externa, los éxitos y fracasos, los sistemas de creencias, etcétera. Este ser falso, elaborado por la mente, el ego, se siente vulnerable, inseguro y siempre está buscando cosas nuevas con las cuales identificarse para que le den una sensación de que existe. Pero nunca nada es suficiente para darle una realización duradera. Su miedo y su sentido de carencia y necesidad permanecen.

Pero entonces llega esta relación especial. Parece ser la respuesta a todos los problemas del ego y llenar todas sus necesidades. Al menos así parece al principio. Todas las demás cosas de las que usted derivaba su sentido de sí mismo antes, ahora se vuelven relativamente insignificantes. Usted tiene ahora un solo punto focal que las reemplaza a todas, da sentido a su vida, y a través del cual usted define su identidad: la persona de la que está "enamorado". Ya no es un fragmento desconectado en un universo carente de afecto, o eso parece. Su mundo ahora tiene un centro: el amado. El hecho de que el centro esté fuera de usted y que, por lo tanto, usted todavía tenga un sentido de sí mismo derivado del exterior, no parece importar al principio. Lo que importa es que los sentimientos subyacentes de no plenitud, miedo, carencia y falta de realización, tan característicos del estado egotista, ya no están ahí. ¿O sí? ¿Se han disuelto o continúan existiendo bajo la feliz realidad superficial?

Si en sus relaciones usted experimenta "amor" y su contrario — ataque, violencia emocional, etcétera — es probable que esté confundiendo el apego del ego y la dependencia adictiva con el amor. Usted no puede amar a su pareja un momento y atacarla al siguiente. El verdadero amor no tiene contrario. Si su "amor" tiene un contrario, entonces no es amor sino una fuerte necesidad del ego de un sentido más profundo y completo de sí mismo, una necesidad que la otra persona llena temporalmente. Es el sustituto del ego para la salvación y por un corto tiempo casi se siente como la salvación.

Pero llega un punto en el que su pareja actúa de forma que deja de llenar sus necesidades, o más bien las de su ego. Los sentimientos de temor, dolor y carencia, que son una parte intrínseca de la conciencia egotista pero que habían sido ocultados por la "relación amorosa", ahora salen a la superficie. Igual que con cualquier otra adicción, usted está en un punto alto cuando la droga está disponible, pero invariablemente llega un momento en que la droga ya no le hace efecto. Cuando vuelven a aparecer esos sentimientos dolorosos, usted los siente incluso con más fuerza que antes, más aún, ahora percibe a su pareja como la *causa* de esos sentimientos. Esto quiere decir que los proyecta hacia afuera y ataca al otro con toda la violencia salvaje que es parte de su dolor. Este ataque puede despertar el dolor de la pareja y él o ella puede contraatacarlo. En ese punto el ego todavía espera inconscientemente que su ataque o sus intentos de manipulación serán suficiente castigo para inducir a su pareja a cambiar su conducta, de modo que pueda usarla de nuevo como protección de su dolor.

Toda adicción surge de una negativa inconsciente a enfrentar el dolor y salir de él. Toda adicción comienza con dolor y termina con dolor. No importa a qué sustancia sea usted adicto — alcohol, comida, drogas legales o ilegales, o una persona — usted está usando algo o a alguien para ocultar su dolor. Por eso, después de que la euforia inicial ha pasado, hay tanta infelicidad, tanto dolor en las relaciones íntimas. Ellas no producen dolor o infelicidad. *Sacan a la luz* el dolor y la infelicidad que ya hay en usted. Toda adicción hace eso. Toda adicción llega a un punto en el que ya no funciona para usted y entonces usted siente el dolor más intensamente que nunca.

Esa es una de las razones por las que la mayoría de las personas están siempre intentando escapar del momento presente y buscando algún tipo de salvación en el futuro. Lo primero que podrían encontrar si enfocaran su atención en el Ahora es su propio dolor y eso es lo que temen. Si supieran lo fácil que es acceder en el ahora al poder de la presencia que disuelve el pasado y el dolor, a la realidad que disuelve la ilusión. Si sólo supieran cuán cerca están de su realidad, cuán cerca de Dios

Evadir las relaciones en un intento por evitar el dolor no es la solución tampoco. El dolor está ahí de todos modos. Es más probable que tres relaciones fallidas en tres años lo obliguen a despertar que tres años en una isla desierta o aislado en su habitación. Pero si pudiera traer intensa presencia a su soledad, eso también funcionaría para usted.

∫

DE LAS RELACIONES ADICTIVAS
A LAS RELACIONES ILUMINADAS

¿Podemos convertir una relación adictiva en una verdadera?

Sí. Estando presentes e intensificando la presencia al prestar atención más profundamente al Ahora: sea que usted viva solo o con una pareja, esa sigue siendo la clave. Para que el amor florezca, la luz de su presencia debe ser lo suficientemente fuerte para que no vuelva a ser dominado por el pensador o el cuerpo del dolor y los confunda con quien es usted. Conocerse a sí mismo como el Ser que hay bajo el pensador, la quietud que hay bajo el ruido mental, el amor y la alegría que hay bajo el dolor, es libertad, salvación, iluminación. Dejar de identificarse con el cuerpo del dolor es traer presencia al dolor y así transmutarlo. Dejar de identificarse con el pensamiento es ser el observador silencioso de sus pensamientos y su conducta, especialmente los patrones repetitivos de su mente y los roles representados por el ego.

Si usted deja de darle "identidad", la mente pierde su calidad compulsiva, que básicamente es el impulso de juzgar y así resistirse a lo que *es*, que crea conflicto, drama y dolor nuevo. De hecho, en el momento en el que el juicio se detiene por la aceptación de lo que *es*, usted está libre de la mente. Usted ha dejado sitio para el amor, para la alegría, para la paz. Primero usted deja de juzgarse a sí mismo: después deja de juzgar a su pareja. El mayor catalizador para el cambio en una relación es la aceptación completa de su pareja como es, sin necesidad de juzgar o de cambiarla de ninguna manera. Esto lo lleva a usted inmediatamente más allá del ego. Todos los juegos de la mente y todo apego adictivo se acaban entonces. No hay más víctimas ni victimarios, ni acusadores y acusados. Este es también el final de toda dependencia mutua, de ser arrastrado a los patrones inconscientes de otro y por lo tanto hacer posible que continúen. Ustedes entonces, o bien se separarán — en el amor — o entrarán juntos más profundamente en el Ahora, en el Ser. ¿Puede ser tan simple? Sí, es así de simple.

El amor es un estado del Ser. Su amor no está afuera: está profundamente dentro de usted. Usted nunca puede perderlo y él no puede dejarlo. No depende de otro cuerpo, de otra forma externa. En la quietud de su presencia usted puede sentir su propia realidad sin forma y sin tiempo como la vida no manifestada que anima su forma física. Usted puede entonces sentir la misma vida en lo profundo de todos los demás seres humanos y de todas las criaturas. Usted mira más allá del velo de la forma y la separación. Esa es la realización de la unidad. Ese es el amor.

¿Qué es Dios? La Vida Una eterna bajo todas las formas de la vida. ¿Qué es el amor? Sentir la presencia de esta Vida Una en lo profundo de sí mismo y de todas las criaturas. Ser eso. Por lo tanto, todo amor es el amor de Dios.

∫

El amor no es selectivo, lo mismo que la luz del sol no es selectiva. No convierte a una persona en especial. No es exclusivo. La exclusividad no es el amor de Dios sino el "amor" del ego. Sin embargo, la intensidad con la cual el verdadero amor se siente puede variar. Puede haber una persona que refleja su amor más clara e intensamente que las demás y si esa persona siente lo mismo hacia usted, se puede decir que usted está en una relación amorosa con ella o él. El lazo que lo conecta con esa persona es el mismo que lo conecta con la persona que se sienta a su lado en el autobús, o con un pájaro, un árbol, una flor. Sólo que el grado de intensidad con el cual se siente es diferente.

Incluso en una relación que es adictiva en otros sentidos, puede haber momentos en los que algo más real brilla, algo más allá de sus necesidades adictivas mutuas. Esos son momentos en los que su mente y la de su pareja brevemente se calman y el cuerpo del dolor está temporalmente en un estado latente. Esto puede ocurrir a veces durante la intimidad física. O cuando los dos están presenciando el milagro del nacimiento de un niño, o en presencia de la muerte, o cuando uno de los dos está gravemente enfermo, cualquier cosa que vuelva la mente carente de poder. Cuando esto ocurre, su Ser, que está habitualmente enterrado bajo la mente, se revela y es eso lo que hace posible la verdadera comunicación.

La comunicación es comunión, la realización de la unidad, que es amor. Habitualmente, esto se pierde de nuevo muy rápido a menos que usted sea capaz de permanecer suficientemente presente para mantener fuera la mente y sus patrones. En cuanto la mente y la identificación con ella retornan, usted ya no es usted mismo sino una imagen mental de usted mismo, y empieza a representar papeles de nuevo para llenar las necesidades de su ego. Usted es una mente humana de nuevo que aparenta ser un ser humano, interactuando con otra mente, representando un drama llamado "amor".

Aunque son posibles breves atisbos, el amor no puede florecer a menos que usted esté permanentemente libre de la identificación con la mente y su presencia sea lo suficientemente intensa para haber disuelto el cuerpo del dolor, o al menos pueda permanecer presente como el observador. El cuerpo del dolor no puede dominarlo entonces y volverse así destructor del amor.

LAS RELACIONES COMO PRÁCTICA ESPIRITUAL

Mientras el modo de conciencia egotista y todas las estructuras sociales, políticas y económicas que este creó entran en su etapa final y se destruyen, las relaciones entre hombres y mujeres reflejan el profundo estado de crisis en el que la humanidad se encuentra ahora. En la medida en que los humanos se han ido identificando cada vez más con la mente, la mayoría de las relaciones no se arraigan en el Ser y así se convierten en una fuente de dolor y permanecen dominadas por los problemas y el conflicto.

Ahora hay millones de personas que viven solas o como padres solteros, incapaces de establecer una relación íntima o renuentes a repetir el drama demente de las relaciones pasadas.

Otros saltan de una relación a otra, de un ciclo de placer y dolor a otro, en busca de la meta esquiva de realización a través de la unión con la polaridad de energía contraria. Otros se comprometen y continúan juntos en una relación disfuncional — en la que prevalece la negatividad — por el bien de los hijos, por la seguridad, la fuerza de la costumbre, el miedo a estar solos o algún otro arreglo "beneficioso", o incluso por la adicción inconsciente a la excitación del drama emocional y el dolor.

Sin embargo, cada crisis supone no sólo un peligro sino también una oportunidad. Si las relaciones energizan y magnifican los patrones de la mente egotista y activan el cuerpo del dolor, como ocurre en estos tiempos, ¿por qué no aceptar este hecho más que tratar de escapar de él? ¿Por qué no cooperar con él en lugar de evitar las relaciones o continuar persiguiendo el fantasma de un compañero ideal como respuesta a sus problemas o como un medio de sentirse realizado? La oportunidad que está oculta en cada crisis no se manifiesta hasta que todos los hechos de una situación dada se reconocen y aceptan completamente. Mientras usted los niegue, mientras trate de escapar de ellos o desee que las cosas sean diferentes, la ventana de la oportunidad no se abrirá, y usted permanecerá atrapado en esa situación, que continuará siendo la misma o se deteriorará más.

El reconocimiento y la aceptación de los hechos traen consigo un cierto grado de libertad. Por ejemplo, cuando usted *sabe* que no hay armonía y se da cuenta de ese hecho, a través de ese conocimiento ha aparecido un nuevo factor y la falta de armonía no puede permanecer sin cambiar. Cuando usted *sabe* que no está en paz, su conocimiento crea un espacio tranquilo que rodea a su falta de paz en un abrazo amoroso y tierno que la transmuta y la convierte en paz. En cuanto a la transformación interior, no hay nada que usted pueda *hacer*. No puede transformarse a sí mismo, y ciertamente no puede transformar a su pareja ni a ninguna otra persona. Todo lo que usted *puede* hacer es crear un espacio para que ocurra la transformación, para que entren la gracia y el amor.

∫

Así pues, siempre que su relación no funcione, siempre que lo "enloquezca" a usted y a su pareja, alégrese. Lo que era inconsciente está saliendo a la luz. Es una oportunidad de salvación. Todo el tiempo esté consciente de ese momento, particularmente de su estado interior. Si hay rabia, *sepa* que hay rabia. Si hay celos, actitud defensiva, impulso de discutir, necesidad de tener la razón, una frialdad interior que pide amor y atención, o dolor emocional de cualquier tipo, lo que sea, *conozca* la realidad de ese momento y esté atento a ese conocimiento. La relación entonces se volverá su *sadhana*, su práctica espiritual. Si usted observa una conducta inconsciente en su compañero, manténgala dentro del abrazo amoroso de su conocimiento para no reaccionar. La inconsciencia y el conocimiento no pueden coexistir durante mucho tiempo, incluso si el conocimiento está en la otra persona y no en la que está actuando llevada por la inconsciencia. La forma de energía que hay tras la hostilidad y el ataque encuentra la presencia del amor absolutamente intolerable. Si usted reacciona ante la inconsciencia de su compañero, se vuelve inconsciente también. Pero si en ese momento se acuerda de *conocer* su reacción, nada se ha perdido.

La humanidad está bajo una gran presión de evolucionar porque es nuestra única oportunidad de sobrevivir como especie. Esto afecta todos los aspectos de su vida y las relaciones cercanas en particular. Las relaciones nunca antes han sido tan problemáticas ni han estado tan cargadas de conflicto como ahora. Como habrá notado, su objetivo no es hacerlo feliz o realizarlo. Si usted continúa persiguiendo la meta de la salvación a través de una relación, se desilusionará una y otra vez. Pero si usted acepta que la relación es para hacerlo *consciente* en lugar de feliz, entonces sí le *ofrecerá* salvación y usted se sintonizará con la conciencia superior que quiere nacer en este mundo. Para quienes se aferran a los patrones antiguos, habrá cada vez más dolor, violencia, confusión y locura.

Supongo que se necesitan dos para hacer de una relación una práctica espiritual, como usted sugiere. Por ejemplo, mi pareja todavía actúa según los viejos patrones de celos y control. Le he señalado eso muchas veces, pero es incapaz de verlo.

¿Cuántas persona se necesitan para hacer de su vida una práctica espiritual? No importa si su pareja no quiere cooperar. La salud mental — la conciencia — sólo puede llegar a este mundo a través de usted. Usted no necesita esperar a que el mundo se vuelva cuerdo, o a que otro se vuelva consciente, para ser usted un iluminado. Podría llegar a esperar por siempre. No acuse a los demás de ser inconscientes. En el momento en que usted comienza a discutir, se ha identificado con una posición mental y está defendiendo no sólo esa posición sino también su sentido de sí mismo. El ego entra a la carga. Usted se ha vuelto inconsciente. A veces puede ser apropiado señalar ciertos aspectos de la conducta de su cónyuge. Si usted está muy alerta, muy presente, puede hacer eso sin involucrar el ego, sin culpar, acusar o hacer daño al otro.

Cuando su compañero actúa inconscientemente, abandone todo

juicio. El juicio es, o bien confundir la conducta de alguien con quien es esa persona o proyectar la propia inconsciencia en otra persona y confundir *eso* con lo que es ella. Abandonar el juicio no significa que usted no reconozca la disfunción y la inconsciencia cuando la vea. Significa ser "el que conoce" en lugar de "ser la reacción" y el juez. Entonces, o bien usted estará totalmente libre de reacción o reaccionará y aún será el que conoce, el espacio en el que la reacción se observa y se le permite ser. En lugar de luchar contra la oscuridad, usted trae la luz. En lugar de reaccionar al error, usted lo ve y sin embargo al mismo tiempo mira a través de él. Ser el que conoce crea un espacio claro de presencia amorosa que permite a todas las cosas y a todas las personas ser como son. No existe mayor catalizador para la transformación. Si usted practica esto, su compañero no puede quedarse con usted y permanecer inconsciente.

Si ambos están de acuerdo en que la relación será su práctica espiritual, mucho mejor. Entonces pueden expresar sus pensamientos y sentimientos mutuamente tan pronto como ocurran, o tan pronto como una reacción surja, de modo que no crean una brecha de tiempo en la que una emoción o una queja se encone y crezca. Aprenda a dar expresión a lo que siente sin acusar. Aprenda a escuchar a su compañero en una forma abierta, no defensiva. Déle espacio para expresarse. Esté presente. Acusar, defenderse, atacar, todos esos patrones diseñados para fortalecer o proteger el ego o para llenar sus necesidades se volverán inoficiosos. Dar espacio a los demás — y a usted mismo — es vital. El amor no puede florecer sin ello. Cuando usted ha suprimido los dos factores que destruyen las relaciones, cuando el cuerpo del dolor se ha transmutado y usted ya no está identificado con la mente y con las posiciones mentales, y si su pareja ha hecho lo mismo, usted experimentará la felicidad del florecimiento de la relación. En lugar de reflejar el uno en el otro su sufrimiento y su inconsciencia, en lugar de satisfacer sus mutuas necesidades adictivas del ego, reflejarán mutuamente el amor que sienten en lo profundo de ustedes, el amor que viene con la comprensión de su unidad con todo lo que es. Ese es el amor que no tiene contrario.

Si su compañero está todavía identificado con la mente y el cuerpo del dolor mientras que usted ya es libre, esto representará un reto mayor, no para usted sino para su compañero. No es fácil vivir con una persona iluminada, o más bien, es *tan* fácil que el ego lo encuentra extremadamente amenazador. Recuerde que el ego necesita problemas, conflicto y enemigos para fortalecer la sensación de separación de la que depende su identidad. La mente del compañero no iluminado se sentirá profundamente frustrada porque sus posiciones fijas no encuentran resistencia, lo que significa que se tambalean y se debilitan e incluso corren "peligro" de derrumbarse completamente, lo que produciría la pérdida de la identidad. El cuerpo del dolor está pidiendo retroalimentación sin recibirla. La necesidad de discusión, de drama y de conflicto no se satisface. Pero atención: algunas personas que no responden, que se encierran, que son insensibles o están desconectadas de sus sentimientos pueden pensar, y convencer a los demás, de que son iluminadas, o al menos de que no hay "nada malo" en ellas y todo lo malo está en su compañero. Los hombres tienden a hacer eso más que las mujeres. Pueden ver a sus compañeras como irracionales o emocionales. Pero si usted puede sentir sus emociones, no está lejos del cuerpo interior radiante que hay bajo ellas. Si usted está fundamentalmente en su cabeza, la distancia es mucho mayor, y necesita traer la conciencia a su cuerpo emocional antes de llegar al cuerpo interior.

Si no hay una emanación de amor y alegría, presencia completa y apertura hacia todos los seres, entonces no hay iluminación. Otro indicador es cómo actúa una persona en situaciones difíciles o amenazadoras o cuando las cosas "van mal". Si su "iluminación" es autoengaño del ego, entonces la vida pronto le ofrecerá un reto que sacará a flote su falta de conciencia en cualquier forma, como miedo, ira, actitud defensiva, juicio, depresión, etcétera. Si usted sostiene una relación, muchos de los retos le llegarán a través de su pareja. Por ejemplo, una mujer puede tener el reto de un compañero insensible que vive casi completamente en su cabeza. Se sentirá amenazada por su incapacidad de oírla, de darle atención y espacio para ser, lo que se debe a su falta de presencia. La ausencia de amor en la relación, que suele sentirse más agudamente por parte de la mujer que del hombre, disparará el cuerpo del dolor de la mujer y a través de él atacará a su compañero, lo culpará, lo criticará, le hará ver que está equivocado, etcétera. Esto a su vez se convierte en el reto de él. Para defenderse del ataque del cuerpo del dolor de ella, que ve como totalmente injustificado, se atrincherará aún más profundamente en sus posiciones mentales, mientras justifica, se defiende o contraataca. Eventualmente esto puede activar su propio cuerpo del dolor. Cuando ambos han sido dominados así, se ha alcanzado un profundo nivel de inconsciencia, de violencia emocional, de ataque y contraataque salvajes. No disminuirá hasta que ambos cuerpos del dolor se hayan reaprovisionado y entren en estado latente. Hasta la siguiente vez.

Esta es sólo una de un número interminable de posibles situaciones. Se han escrito muchos volúmenes y se podrían escribir muchos más, sobre las formas en que la inconsciencia sale a flote en las relaciones entre hombre y mujer. Pero, como dije antes, una vez que usted entiende la raíz de la disfunción, no necesita explorar sus innumerables manifestaciones.

Miremos de nuevo brevemente la situación que acabo de describir. Cada amenaza que contiene es una oportunidad de salvación. En cada etapa del proceso disfuncional que se desarrolla, es posible la liberación de la inconsciencia. Por ejemplo, la hostilidad de la mujer podría ser una señal para que el hombre salga de su estado de identificación con la mente, despierte al Ahora, se vuelva presente, en lugar de sentirse aún más identificado, aún más inconsciente. En lugar de "ser" el cuerpo del dolor, la mujer podría ser el conocedor que observa el dolor emocional en sí misma, accediendo así al poder del Ahora e iniciando la transmutación del dolor. Esto suprimiría la proyección compulsiva y automática del mismo hacia el exterior. Entonces podría expresar sus sentimientos a su pareja. No hay garantía, por supuesto, de que él escuche, pero le da una buena oportunidad de volverse presente y desde luego rompe el círculo malsano de la actuación involuntaria según viejos patrones mentales. Si la mujer pierde esa oportunidad, el hombre podría mirar su propia reacción mental-emocional al dolor de ella, su propia actitud defensiva, en lugar de *ser* la reacción. Podría entonces observar cómo su propio cuerpo del dolor se dispara y traer así conciencia a sus emociones. De esta manera, surgiría un claro y calmado espacio de pura conciencia: el que conoce, el testigo silencioso, el que observa. Esta conciencia no niega el dolor y sin embargo está más allá de él. Lo deja ser y sin embargo lo transmuta al mismo tiempo. Acepta todo y lo transforma todo. Se habría abierto una puerta para ella a través de la cual podría fácilmente unirse a él en ese espacio.

Si usted está habitualmente, o al menos la mayoría de las veces, presente en su relación, este será el mayor reto para su compañero. No podrá tolerar su presencia durante mucho tiempo y permanecer inconsciente. Si está listo, cruzará la puerta que usted le abrió y se unirá a usted en ese estado. Si no lo está, se separarán como el agua y el aceite. La luz es demasiado dolorosa para el que quiere permanecer en la oscuridad.

POR QUÉ LAS MUJERES ESTÁN MÁS CERCA DE LA ILUMINACIÓN

¿Los obstáculos hacia la iluminación son los mismos para hombres y mujeres?

Sí, pero el énfasis es diferente. En general, es más fácil para una mujer sentir y estar en su cuerpo, así que está naturalmente más cerca del Ser y potencialmente más cerca de la iluminación que un hombre. Por eso muchas culturas antiguas instintivamente escogieron figuras o analogías femeninas para representar o describir la realidad trascendental y sin forma. A menudo se veía como una matriz que da a luz a todo en la creación y que lo sostiene y nutre durante su vida como forma. En el *Tao Te King,* uno de los libros más antiguos y profundos que se han escrito, el *Tao,* que podría traducirse como *Ser,* se describe como "infinito, eternamente presente, la madre del universo". Naturalmente, las mujeres están más cerca de él que los hombres puesto que virtualmente "encarnan" lo No Manifestado. Más aún, todas las criaturas y todas las cosas deben eventualmente retornar a la Fuente. "Todas las cosas se desvanecen en el Tao. Sólo él permanece". Puesto que la Fuente se percibe como femenina, se representa como los lados claro y oscuro del arquetipo femenino en psicología y mitología. La Diosa o Madre Divina tiene dos aspectos: da la vida y la quita.

Cuando la mente tomó el poder y los hombres perdieron contacto con la realidad de su esencia divina, empezaron a creer en Dios como una figura masculina. La sociedad empezó a ser dominada por lo masculino y lo femenino quedó subordinado a lo masculino.

No estoy sugiriendo volver a las representaciones femeninas primitivas de lo divino. Algunas personas usan ahora *Diosa* en lugar de *Dios*. Están restaurando el equilibrio entre lo masculino y lo femenino que se perdió hace mucho tiempo, y eso es bueno. Pero todavía es una representación y un concepto, quizá temporalmente útil, como un mapa o un poste indicador es útil temporalmente, pero resulta ser un impedimento más que una ayuda cuando usted está listo para comprender la realidad más allá de todo concepto o imagen. Lo que continúa siendo verdadero, sin embargo, es que la frecuencia de energía de la mente parece ser esencialmente masculina. La mente se resiste, lucha por el control, usa, manipula, ataca, trata de atrapar y poseer. Por eso el Dios tradicional es una figura de autoridad patriarcal, controladora, un hombre a menudo iracundo al cual usted debería temer, como sugiere el Antiguo Testamento. Este Dios es una proyección de la mente humana.

Para ir más allá de la mente y volverse a conectar con la realidad más profunda del Ser, se necesitan cualidades muy diferentes: entrega, ausencia de juicio, una apertura que permita que la vida sea en lugar de resistirse a ella, la capacidad de sostener todas las cosas en el abrazo amoroso de su conocimiento. Todas estas cualidades están mucho más cercanamente relacionadas con el principio femenino. Mientras que la energía de la mente es dura y rígida, la energía del Ser es suave y dúctil y sin embargo infinitamente más poderosa que la mente. La mente gobierna nuestra civilización, mientras que el Ser está a cargo de toda la vida en nuestro planeta y más allá. El Ser es la verdadera Inteligencia cuya manifestación visible es el universo físico. Aunque las mujeres están potencialmente más cerca de él, los hombres también pueden acceder a él dentro de sí mismos.

En este momento, la inmensa mayoría de hombres y mujeres están todavía en las garras de la mente: identificados con el pensador y con el cuerpo del dolor. Esto, por supuesto, es lo que impide la iluminación y el florecimiento del amor. Como regla general, el mayor obstáculo para los hombres tiende a ser la mente pensante y el mayor obstáculo para las mujeres el cuerpo del dolor, aunque en ciertos casos individuales puede ser cierto lo contrario y en otros los dos factores pueden ser iguales.

DISOLVER EL CUERPO DEL DOLOR COLECTIVO DE LAS MUJERES

¿Por qué el cuerpo del dolor es un obstáculo mayor para las mujeres?

El cuerpo del dolor generalmente tiene un aspecto colectivo así como uno personal. El aspecto personal es el residuo acumulado de dolor emocional sufrido en el propio pasado. El aspecto colectivo es el dolor acumulado en la psique humana colectiva durante miles de años a través de la enfermedad, la tortura, la guerra, el asesinato, la crueldad, la locura, etcétera. El cuerpo del dolor de cada uno participa también de este cuerpo del dolor colectivo. Hay diferentes ramas en el cuerpo del dolor colectivo. Por ejemplo, ciertas razas o países en los que ocurren formas extremas de lucha y violencia tienen un cuerpo del dolor colectivo más pesado que otros. Cualquiera que tenga un cuerpo del dolor fuerte y una conciencia insuficiente para dejar de identificarse con él no sólo se sentirá forzado a volver a vivir periódica o continuamente su dolor emocional sino que puede también fácilmente convertirse en el perpetrador o en la víctima de la violencia, dependiendo de si su cuerpo del dolor es predominantemente activo o pasivo. Por otra parte, también pueden estar potencialmente más cercanos a la iluminación. Este potencial no se realiza necesariamente por supuesto, pero si usted está atrapado en una pesadilla, probablemente estará más fuertemente motivado a despertar que alguien que sólo está atrapado en los altibajos de un sueño ordinario.

Aparte de su cuerpo del dolor personal, toda mujer tiene participación en lo que podría describirse como el cuerpo del dolor femenino colectivo, a menos que sea completamente consciente. Este cuerpo está formado por el dolor acumulado que ha sido soportado por las mujeres, en parte a través de la dominación de la mujer por el hombre, de la esclavitud, de la explotación, las violaciones, el dar a luz, la pérdida de los hijos, etcétera, durante miles de años. El dolor físico y emocional que muchas mujeres sienten antes y durante la menstruación es el cuerpo del dolor en su aspecto colectivo que despierta de su latencia en ese momento, aunque puede dispararse en otras oportunidades también. Restringe el flujo libre de energía vital a lo largo del cuerpo, del cual la menstruación es una expresión física. Demorémonos en esto por un momento y veamos cómo puede convertirse en una oportunidad para la iluminación.

A menudo las mujeres son "dominadas" por el cuerpo del dolor en ese momento. Tiene una carga energética extremadamente poderosa que puede empujarla a la identificación inconsciente con él. Usted entonces es poseída activamente por un cam-

EL PODER DEL AHORA

po de energía que ocupa su espacio interior y simula ser usted pero, por supuesto, no lo es en absoluto. Habla a través de usted, actúa a través de usted, piensa a través de usted. Creará situaciones negativas en su vida para poder alimentarse de esa energía. Quiere más dolor, en cualquier forma. He descrito ya este proceso. Puede ser maligno y destructivo. Es puro dolor, dolor pasado, y no es usted.

El número de mujeres que se aproxima ahora al estado completamente consciente excede ya al de hombres y crecerá aún más rápidamente en los años venideros. Los hombres quizá las alcancen al final, pero durante un tiempo considerable habrá una brecha entre la conciencia de los hombres y la de las mujeres. Las mujeres están recuperando la función que es su derecho de nacimiento y, por tanto, llega a ellas más naturalmente que a los hombres: ser un puente entre el mundo manifestado y lo No Manifestado, entre la física y el espíritu. Su mayor tarea como mujer ahora es transmutar el cuerpo del dolor para que no siga interponiéndose entre usted y su verdadero ser, la esencia de lo que usted es. Por supuesto, usted también tiene que manejar el otro obstáculo hacia la iluminación, que es la mente pensante, pero la intensa presencia que usted genera cuando maneja el cuerpo del dolor, la liberará también de la identificación con la mente.

La primera cosa que tiene que recordar es esta: mientras usted construya su identidad a partir del dolor, no puede liberarse de él. Mientras una parte de su sentido de sí misma esté invertida en su dolor emocional usted inconscientemente se resistirá o saboteará cualquier intento que haga de curar ese dolor. ¿Por qué? Muy sencillo, porque desea mantenerse intacta y el dolor se ha convertido en parte esencial suya. Este es un proceso inconsciente y la única forma de superarlo es hacerlo consciente.

Ver súbitamente que está o ha estado aferrada a su dolor puede ser algo bastante impactante. En el momento en que se da cuenta de esto, ha roto la fijación. El cuerpo del dolor es un campo de energía, casi como una entidad, que se ha alojado temporalmente en su espacio interior. Es energía vital que ha quedado atrapada, energía que ya no fluye. Por supuesto, el cuerpo del dolor está ahí por ciertas cosas que ocurrieron en el pasado. Es el pasado que vive en usted y si se identifica con él, se identifica con el pasado. Una identidad de la víctima es la creencia de que el pasado es más poderoso que el presente, lo que es contrario a la verdad. Es la creencia de que otras personas y lo que le hicieron son responsables de lo que usted es ahora, de su dolor emocional o de su incapacidad de convertirse en su verdadero ser. La verdad es que el único poder que hay está contenido en este momento: es el poder de su presencia. Una vez que usted sabe esto, también se da cuenta de que *usted* es responsable de su espacio interior ahora — nadie más lo es — y de que el pasado no puede prevalecer contra el poder del Ahora.

∫

Así pues la identificación le impide manejar el cuerpo del dolor. Algunas mujeres que son ya suficientemente conscientes para haber abandonado su identidad de víctimas en el nivel personal todavía se aferran a una identidad colectiva de víctimas: "lo que los hombres les hicieron a las mujeres". Tienen razón, y también están equivocadas. Están en lo cierto en cuanto que el cuerpo del dolor femenino colectivo se debe en gran parte a la violencia infligida por el varón a la mujer y a la represión del principio femenino por todo el planeta durante milenios. Están equivocadas si derivan un sentido de identidad de este hecho y por lo tanto se mantienen aprisionadas en una identidad colectiva de víctimas. Si una mujer aún se aferra a la rabia, el resentimiento o la condenación, se está aferrando a su cuerpo del dolor. Esto puede darle una sensación consoladora de identidad, de solidaridad con otras mujeres, pero la mantiene atada al pasado y bloquea el acceso completo a su esencia y al verdadero poder. Si las mujeres se excluyen de los hombres, eso alimenta un sentido de separación y por lo tanto un fortalecimiento del ego. Y cuanto más fuerte es el ego, más distante está usted de su verdadera naturaleza.

Así que no use el cuerpo del dolor para darle identidad. Úselo en cambio para la iluminación. Transmútelo en conciencia. Uno de los mejores momentos para esto es durante el periodo menstrual. Creo que, en los próximos años, muchas mujeres entrarán en el estado de conciencia total durante esos días. Generalmente, es un tiempo de inconsciencia para muchas mujeres, puesto que son dominadas por el cuerpo del dolor colectivo. Una vez que usted ha alcanzado un cierto nivel de conciencia, sin embargo, puede cambiar esto, así que en lugar de volverse inconsciente puede volverse *más* consciente. He descrito el proceso básico ya, pero permítame hacerlo de nuevo, esta vez con referencia especial al cuerpo del dolor femenino colectivo.

Cuando sepa que se acerca el flujo menstrual, antes de que sienta los primeros signos de lo que se llama comúnmente tensión premenstrual, el despertar del cuerpo del dolor femenino colectivo, póngase muy alerta y habite su cuerpo tan plenamente como sea posible. Cuando aparezca el primer signo, debe estar suficientemente alerta para "atraparlo" antes de que la domine. Por ejemplo, el primer signo puede ser una fuerte irritación repentina o un relámpago de rabia, o puede ser un síntoma puramente físico. Sea lo que sea, atrápelo antes de que domine su pensamiento o su conducta. Esto significa simplemente enfocar su atención en él. Si es una emoción, sienta la fuerte carga de energía que hay tras ella. Sepa que es el cuerpo del dolor. Al mismo tiempo, sea el que conoce; es decir, dése cuenta de su presencia consciente y sienta su poder. Cualquier emoción a la que aplique su presencia disminuirá rápidamente y se transmutará. Si es un síntoma puramente físico, la atención que le dé evitará que se convierta en una emoción o un pensamiento. Después continúe alerta y espere el siguiente signo del cuerpo del dolor. Cuando aparezca, atrápelo de nuevo de la misma manera que antes.

Más tarde, cuando el cuerpo del dolor haya despertado completamente de su estado latente, usted puede experimentar una turbulencia considerable en su espacio interior por un tiempo, quizá varios días. Cualquier forma que tome, manténgase presente. Entréguele su atención completa. Observe la turbulencia que hay en su interior. Sepa que está allá. Mantenga el conocimiento y sea el que conoce. Recuerde: no deje que el cuerpo del dolor use su mente y se apodere de su pensamiento. Obsérvelo. Sienta su energía directamente dentro de su cuerpo. Como sabe, atención plena significa aceptación completa.

Por medio de una atención sostenida y por lo tanto de la aceptación, llega la transmutación. El cuerpo del dolor se transforma en conciencia radiante, lo mismo que un trozo de madera, cuando se pone en el fuego o cerca de él, se transformará en fuego. La menstruación se volverá no sólo una expresión gozosa y realizadora de su feminidad sino también un tiempo sagrado de transmutación en el que usted da nacimiento a una nueva conciencia. Su verdadera naturaleza brillará entonces, en su aspecto femenino como la Diosa y en su aspecto trascendental como el

Ser divino que es usted, más allá de la dualidad masculino-femenino.

Si su compañero varón es suficientemente consciente, puede ayudarla con la práctica que acabo de describirle manteniendo con frecuencia una presencia intensa, particularmente en este tiempo. Si él permanece presente siempre que usted caiga en la identificación inconsciente con el cuerpo del dolor, lo que puede suceder y sucederá al principio, usted podrá unirse rápidamente a él en ese estado. Eso significa que siempre que el cuerpo del dolor domine temporalmente, bien sea durante el periodo menstrual o en otros momentos, su compañero no lo confundirá con lo que es usted realmente. Incluso si el cuerpo del dolor la ataca, como probablemente ocurrirá, no reaccionará contra él como si fuera "usted", se retirará o levantará algún tipo de defensa. Conservará el espacio de intensa presencia. No se necesita nada para la transformación. En otros momentos, usted podrá hacer lo mismo por él o ayudarlo a reclamar conciencia de la mente trayendo su atención al aquí y al ahora, cuando se identifique con su pensamiento.

De esta forma, surgirá entre ustedes un campo de energía permanente, de una frecuencia pura y alta. Ni la ilusión, ni el dolor, ni el conflicto, nada que no sea *ustedes* y nada que no sea amor puede sobrevivir en él. Esto representa la realización del propósito divino, transpersonal, de su relación. Se convierte en un vórtice de conciencia que atraerá muchos otros.

∫

RENUNCIE A LA RELACIÓN CONSIGO MISMO

Cuando uno está plenamente consciente ¿aún tendrá necesidad de una relación? ¿Un hombre todavía se sentiría atraído por una mujer? ¿Una mujer todavía se sentiría incompleta sin un hombre?

Iluminado o no, usted todavía es un hombre o una mujer, así que en el nivel de su identidad formal usted no está completo. Usted es la mitad de un todo. Esta falta de plenitud se siente como atracción hombre-mujer, el empuje hacia la polaridad de energía contraria, no importa cuán consciente sea usted. Pero en ese estado de unión interior, usted siente esa atracción en alguna parte de la superficie o la periferia de su vida. Cualquier cosa que le ocurra en ese estado se siente en cierta medida así. Todo el mundo parece olas o arrugas en la superficie de un vasto y profundo océano. Usted es ese océano y, por supuesto, usted también es una arruga, pero una arruga que ha realizado su verdadera identidad como océano, y comparada con esa vastedad y profundidad, el mundo de las olas y las arrugas no es tan importante.

Esto no significa que usted no se relacione profundamente con otras personas o con su pareja. De hecho, usted puede relacionarse profundamente *sólo* si es consciente del Ser. Viniendo del Ser usted es capaz de centrarse más allá del velo de la forma. En el Ser hombre y mujer son uno solo. Su forma puede seguir teniendo ciertas necesidades, pero el Ser no tiene ninguna. Ya está completo. Si esas necesidades se llenan, maravilloso, pero se llenen o no, no hay ninguna diferencia para su estado interior profundo. Es perfectamente posible para una persona iluminada no llenar la necesidad de la polaridad masculina o femenina, tener una sensación de carencia o falta de plenitud en el nivel exterior de su ser y al mismo tiempo estar totalmente completo, realizado y en paz en el interior.

En la búsqueda de la iluminación ¿ser homosexual es una ayuda o un obstáculo, o no supone ninguna diferencia?

Según se aproxima a la edad adulta, la incertidumbre respecto a su sexualidad seguida de la comprensión de que usted es "diferente" de los demás puede forzarlo a desidentificarse de los patrones de pensamiento y conducta condicionados socialmente. Esto elevará automáticamente su nivel de conciencia sobre el de la mayoría inconsciente, cuyos miembros aceptan sin cuestionar todos los patrones heredados. En este sentido, ser homosexual puede ser una ayuda. Ser un extraño en alguna medida, alguien que no "encaja" con los demás o que es rechazado por ellos por cualquier razón, hace la vida difícil, pero también lo pone a usted en ventaja en cuanto a la iluminación. Lo saca de la inconsciencia casi por la fuerza.

Por otra parte, si usted desarrolla entonces un sentido de identidad basado en su homosexualidad, ha escapado de una trampa sólo para caer en otra. Usted representará roles y juegos impuestos por una imagen mental que tiene de usted mismo como homosexual. Se volverá inconsciente. Se volverá irreal. Bajo su máscara de ego, puede llegar a ser muy infeliz. Si le ocurre esto, ser homosexual se habrá vuelto un obstáculo. Pero usted siempre tiene otra oportunidad, por supuesto. Una infelicidad aguda puede ser un gran despertador.

¿No es verdad que se necesita tener una buena relación consigo mismo y amarse a sí mismo antes de tener una relación plena con otra persona?

Si usted no puede estar a gusto consigo mismo cuando está solo, buscará una relación para ocultar su desasosiego. Puede estar seguro de que este reaparecerá en cualquier otra forma en la relación y usted probablemente responsabilizará a su pareja por ello.

Todo lo que usted necesita hacer es aceptar este momento plenamente. Entonces usted se sentirá tranquilo en el aquí y ahora y consigo mismo.

¿Pero necesita tener una relación consigo mismo para algo? ¿Por qué no puede sencillamente *ser* usted mismo? Cuando usted tiene una relación consigo mismo se ha partido en dos: "yo" y "mí mismo", sujeto y objeto. Esta dualidad creada por la mente es la causa radical de toda la complejidad innecesaria, de todos los problemas y conflictos de su vida. En el estado de iluminación usted *es* usted mismo, usted y usted mismo se hacen uno. Usted no se juzga, no siente pena por usted mismo, no está orgulloso de sí mismo, no se ama a sí mismo, no se odia a sí mismo... La ruptura causada por la conciencia auto-reflejada se cura, su maldición desaparece. No hay "uno mismo" que usted necesite proteger, defender o alimentar más. Cuando usted está iluminado, hay una relación que ya no tiene, la relación consigo mismo. Una vez que haya renunciado a eso, todas las demás serán relaciones de amor.

CAPÍTULO NUEVE

MÁS ALLÁ DE LA FELICIDAD Y LA INFELICIDAD HAY PAZ

EL BIEN SUPERIOR MÁS ALLÁ DEL BIEN Y DEL MAL

¿Hay diferencia entre la felicidad y la paz interior?

Sí. La felicidad depende de las condiciones que se perciben como positivas. La paz interior, no.

¿No es posible atraer sólo condiciones positivas a nuestra vida? Si nuestra actitud y nuestro pensamiento son sólo positivos, manifestaríamos sólo eventos y situaciones positivos ¿cierto?

¿Sabe usted verdaderamente lo que es positivo y negativo? ¿Tiene el cuadro general? Ha habido muchas personas para quienes la limitación, el fracaso, la pérdida, la enfermedad o el dolor en cualquier forma se convirtieron en sus mayores maestros. Aprendieron a abandonar las falsas imágenes de sí mismos y las metas y deseos superficiales dictados por el ego. Obtuvieron profundidad, humildad y compasión. Se hicieron más *reales*.

Siempre que le ocurre algo negativo, hay una profunda lección escondida en ello, aunque usted no pueda verla en el momento. Incluso una enfermedad breve o un accidente puede mostrarle lo que es real e irreal en su vida, lo que en últimas importa y lo que no.

Vistas desde una perspectiva más alta, las condiciones *son* siempre positivas. Para ser más preciso: no son ni positivas ni negativas. Son como son. Y cuando usted vive en una aceptación completa de lo que *es* — que es la única forma cuerda de vivir — no hay "bueno" ni "malo" en su vida. Sólo hay un bien superior, que incluye el "mal". Visto desde la perspectiva de la mente, sin embargo, hay bien y mal, gusto y disgusto, amor y odio. Por eso en el Libro del Génesis, se dice que Adán y Eva no pudieron seguir viviendo en el "paraíso" cuando "comieron del árbol del conocimiento del bien y del mal".

Eso me suena a negación y autoengaño. Cuando algo terrible me ocurre a mí o a alguien cercano a mí — accidente, enfermedad, dolor o alguna muerte — puedo aparentar que no es malo, pero el hecho demuestra que es malo, ¿así que por qué negarlo?

Usted no está aparentando nada. Está permitiendo que sea como es, eso es todo. Ese "permitir ser" lo lleva más allá de la mente con sus patrones de resistencia que crean las polaridades positiva y negativa. Es un aspecto esencial del perdón. El perdón del presente es incluso más importante que el perdón del pasado. Si usted perdona cada momento — le permite que sea como es — no habrá acumulación de resentimiento que necesita ser perdonado más adelante en algún momento.

Recuerde que no estamos hablando de felicidad aquí. Por ejemplo, cuando acaba de morir un ser amado o cuando siente que su propia muerte se aproxima, usted no puede ser feliz. Es imposible. Pero *puede* estar en paz. Puede haber tristeza y lágrimas, pero en caso de que haya abandonado la resistencia, bajo la tristeza usted sentirá una profunda serenidad, una quietud, una presencia sagrada. Esa es la emanación del Ser, esa es la paz interior, el bien que no tiene contrario.

¿Y si es una situación en la que puedo hacer algo? ¿Cómo puedo permitirle ser y cambiarla al mismo tiempo?

Haga lo que tiene que hacer. Mientras tanto acepte lo que *es*. Puesto que mente y resistencia son sinónimos, la aceptación lo libera inmediatamente del dominio de su mente y así lo vuelve a conectar con el Ser. Como resultado, las motivaciones habituales del ego para "actuar" — el miedo, la codicia, el control, la defensa o alimentación del falso sentido de sí mismo — dejarán de operar. Ahora está al mando una inteligencia mucho mayor que la mente, y por lo tanto fluirá en su actuación una calidad diferente de conciencia.

"Acepta lo que venga tejido en el diseño de tu destino porque, ¿qué podría acomodarse más adecuadamente a tus necesidades?" Esto fue escrito hace dos mil años por Marco Aurelio, uno de esos seres humanos extraordinariamente escasos que tuvieron el poder mundano al mismo tiempo que la sabiduría.

Parece que la mayoría de las personas necesita experimentar mucho sufrimiento antes de abandonar la resistencia y aceptar, antes de perdonar. En cuanto lo hacen, ocurre uno de los mayores milagros: el despertar de la conciencia del Ser a través de lo que parece ser el mal, la transmutación del sufrimiento en paz interior. El efecto final de todo el mal y el sufrimiento que hay en el mundo consistirá en que los seres humanos se darán cuenta de quiénes son más allá del nombre y la forma. Así, lo que percibimos como mal desde nuestra limitada perspectiva es en realidad parte del bien superior que no tiene contrario. Esto, sin embargo, no se hace verdad para usted sino por medio del perdón. Hasta que eso ocurra, el mal no habrá sido redimido y por lo tanto seguirá siendo mal.

Por medio del perdón, que esencialmente consiste en reconocer la insustancialidad del pasado y permitir al momento presente ser como es, el milagro de la transformación ocurre no sólo interiormente sino exteriormente. Surge un espacio silencioso de intensa presencia en usted y a su alrededor. Cualquier persona o cosa que penetre en ese campo de conciencia será afectado por él, a veces visible e inmediatamente y otras veces en niveles más profundos con la aparición de cambios evidentes después. Usted disuelve la discordia, cura el dolor, disipa la inconsciencia — sin *hacer* nada —, simplemente *siendo* y manteniendo esa frecuencia de intensa presencia.

∫

EL FINAL DEL DRAMA DE SU VIDA

En ese estado de aceptación y de paz interior, aunque no pueda llamarse "mal", ¿podría llegar algo a la vida de lo que se llama "mal" desde una perspectiva de conciencia ordinaria?

La mayoría de las llamadas cosas malas que ocurren en la vida de las personas se deben a la inconsciencia. Son creadas por uno mismo, o más bien creadas por el ego. A veces me refiero a esas cosas como "drama". Cuando usted es plenamente consciente, el drama ya no viene a su vida. Déjeme recordarle brevemente cómo opera el ego y cómo crea el drama.

El ego es la mente no observada que gobierna su vida cuando usted no está presente como la conciencia testigo, como el que observa. El ego se percibe a sí mismo como un fragmento separado en un universo hostil, sin conexión real interior con ningún otro ser, rodeado de otros egos que, o bien ve como una amenaza potencial o que intentará usar para sus propios fines. Los patrones básicos del ego están diseñados para combatir su propio miedo y su sensación de carencia, que están profundamente arraigados. Son la resistencia, el control, el poder, la codicia, la defensa, el ataque. Algunas de las estrategias del ego son extremadamente inteligentes, pero nunca resuelven verdaderamente ninguno de sus problemas, simplemente porque el ego mismo es el problema.

Cuando los egos se juntan, sea en las relaciones personales o en las organizaciones o instituciones, ocurren cosas "malas" tarde o temprano: drama de un tipo u otro, en forma de conflicto, problemas, luchas de poder, violencia física o emocional, etcétera. Esto incluye males colectivos tales como la guerra, el genocidio y la explotación, todos debidos a la inconsciencia masificada. Más aún, muchos tipos de enfermedades son causados por la resistencia continua del ego, que produce restricciones y bloqueos en el flujo de energía que circula por el cuerpo. Cuando usted se vuelve a conectar con el ser y no está ya dominado por su mente, deja de crear esas cosas. Ya no crea o participa en el drama.

Siempre que dos o más egos se juntan, sigue el drama de uno u otro tipo. Pero incluso si usted vive totalmente solo, puede crear su propio drama. Cuando usted siente pesar de usted mismo, hay drama. Cuando se siente culpable o ansioso, crea drama. Cuando permite que el pasado o el futuro oscurezcan el presente, usted está creando tiempo, tiempo psicológico, el material del que está hecho el drama. Siempre que usted no está honrando el momento presente permitiéndole ser, usted está creando drama.

La mayoría de las personas están enamoradas del drama particular de su vida. Su historia es su identidad. El ego gobierna su vida. Tienen todo su sentido de ser invertido en él. Incluso su búsqueda — habitualmente sin éxito — de una respuesta, de una solución o de curación forma parte de él. Lo que más temen y se resisten a aceptar es el fin de su drama. Mientras *sean* su mente, lo que más temen y a lo que más se resisten es a su despertar.

Cuando usted vive en una aceptación completa de lo que es, ese es el final de todo drama en su vida. Nadie puede tener siquiera una discusión con usted, no importa cuánto lo intente. Usted no puede discutir con una persona completamente consciente. Una discusión implica identificación con su mente y una posición mental, así como resistencia y reacción a la posición de la otra persona. El resultado es que los polos opuestos se energizan mutuamente. Esa es la mecánica de la inconsciencia. Usted puede todavía establecer su punto de vista clara y firmemente, pero no habrá fuerza reactiva tras ella, ni defensa o ataque. Por ello, no se convertirá en drama. Cuando usted es completamente consciente, deja de estar en conflicto. "Nadie que está en unión consigo mismo puede siquiera concebir el conflicto", afirma *Un Curso sobre Milagros*. Esto se refiere no sólo al conflicto con las demás personas sino más fundamentalmente al conflicto consigo mismo, que cesa cuando ya no hay ningún choque entre las demandas y expectativas de su mente y lo que *es*.

LA IMPERMANENCIA Y LOS CICLOS DE LA VIDA

Sin embargo, mientras usted esté en la dimensión física y ligado a la mente humana colectiva, el dolor físico — aunque raro — es aún posible. Esto no debe confundirse con el sufrimiento, con el dolor mental-emocional. Todo sufrimiento es creado por el ego y se debe a la resistencia. Además, mientras usted esté en esta dimensión, aún está sujeto a su naturaleza cíclica y a la ley de la impermanencia de todas las cosas, pero ya no percibe esto como "malo". Simplemente es.

Al permitir el "ser" de todas las cosas, se le revela una dimensión más profunda bajo el juego de los contrarios como una presencia permanente, una profunda quietud que no cambia, una alegría sin causa que está más allá del bien y del mal. Esta es la alegría del Ser, la paz de Dios.

En el nivel de la forma, hay nacimiento y muerte, creación y destrucción, crecimiento y disolución de las formas aparentemente separadas. Esto se refleja en todas partes: en el ciclo vital de una estrella o un planeta, en un cuerpo físico, un árbol, una flor, en el surgimiento y la caída de las naciones, los sistemas políticos, las civilizaciones; y en los inevitables ciclos de ganancia y pérdida de la vida de un individuo.

Hay ciclos de éxito, cuando las cosas vienen a usted y prosperan, y ciclos de fracaso, cuando se retiran o se desintegran y usted tiene que dejarlas ir para dejar espacio a que surjan cosas nuevas, o para que ocurra la transformación. Si usted se aferra y se resiste en este punto, significa que está rehusando seguir el flujo de la vida, y sufrirá.

No es cierto que el ciclo ascendente sea bueno y el descendente malo, excepto en el juicio de la mente. El crecimiento se considera positivo habitualmente, pero nada puede crecer por siempre. Si el crecimiento, de cualquier tipo, continuara por siempre, se volvería eventualmente monstruoso y destructivo. Se necesita la disolución para que pueda ocurrir nuevo crecimiento. Uno no puede existir sin la otra.

El ciclo descendente es absolutamente esencial para la realización espiritual. Usted debe haber fracasado profundamente en algún nivel o experimentado una pérdida o un dolor profundos para ser llevado a la dimensión espiritual. O quizás el mismo éxito se volvió vacío y sin significado y así resultó un fracaso. El fracaso se esconde en cada éxito y el éxito en cada fracaso. En este mundo, que permanecerá en el nivel de la forma, las personas "fracasan" tarde o temprano, por supuesto, y cada logro eventualmente se convierte en nada. Todas las formas son impermanentes.

Usted puede de todos modos ser activo y disfrutar el crear nuevas formas y circunstancias, pero no se identificará con ellas. No las necesita para obtener un sentido de sí mismo. No son su vida, sólo su situación vital.

Su energía física también está sujeta a ciclos. No puede estar siempre en un tope. Habrá épocas de energía baja así como otras de energía alta. Habrá periodos en los que usted es muy activo y creativo, pero también puede haber otros en los que todo parece estar estancado, cuando parece que usted no llega a ninguna parte, no logra nada. Un ciclo puede durar desde unas horas hasta varios años. Hay grandes ciclos y ciclos cortos dentro de los largos. Muchas enfermedades se producen por luchar contra los ciclos de energía baja, que son vitales para la regeneración. La compulsión a actuar y la tendencia a derivar su sentido del propio valor y de la identidad de factores externos tales como el éxito, es una ilusión inevitable mientras usted esté identificado con la mente.

Esto le hace difícil o imposible aceptar los ciclos bajos y permitirles ser. Así, la inteligencia del organismo puede tomar el control como una medida autoprotectora y producir una enfermedad para forzarlo a detenerse, de modo que pueda tener lugar la regeneración necesaria.

La naturaleza cíclica del universo está estrechamente ligada con la impermanencia de todas las cosas y situaciones. El Buda hizo de esto una parte central de su enseñanza. Todas las condiciones son altamente inestables y están en flujo constante, o, como él lo expresó, la impermanencia es una característica de toda condición, de toda situación que usted pueda enfrentar en su vida. Estas cambiarán, desaparecerán o ya no le satisfarán. La impermanencia es también fundamental en el pensamiento de Jesús: "No guarden tesoros en la tierra, donde la polilla y la herrumbre los consumen y donde los ladrones entran y roban..."

Mientras una condición se considere "buena" por la mente, sea una relación, una posesión, un papel social, un lugar o su cuerpo físico, la mente se apega a ella y se identifica con ella. Lo hace feliz, lo hace sentirse bien consigo mismo y puede formar parte de lo que usted es o de lo que cree que es. Pero nada dura en esta dimensión donde la polilla y la herrumbre consumen. O termina o cambia o sufre un cambio de polaridad: la misma condición que era buena ayer o el año pasado se ha vuelto mala de repente o gradualmente. La misma condición que lo hizo feliz, lo hace entonces infeliz. La prosperidad de hoy se vuelve el consumismo vacío de mañana. El matrimonio y la luna de miel felices se convierten en el divorcio o la coexistencia desdichada. O la condición desaparece, así que su ausencia lo hace infeliz. Cuando una condición o situación a la que la mente se ha apegado y con la que se ha identificado cambia o desaparece, la mente no puede aceptarlo. Se aferrará a la condición que desaparece y se resistirá al cambio. Es casi como si le arrancaran un miembro del cuerpo.

A veces oímos decir que personas que han perdido todo su dinero o cuya reputación se ha arruinado, se suicidan. Estos son los casos extremos. Otros, cuando tienen una gran pérdida de un tipo u otro, simplemente se vuelven profundamente infelices o se hacen daño a sí mismos. No pueden distinguir entre su vida y su situación vital. Hace poco leí sobre una actriz famosa que murió a los ochenta y tantos años. Cuando su belleza empezó a desvanecerse y a ser devastada por la vejez, ella se volvió desesperadamente infeliz y se recluyó. También ella se había identificado con una condición: su apariencia externa. Primero, la condición le dio un sentido feliz de sí misma, luego uno infeliz. Si hubiera sido capaz de conectarse con la vida sin forma y sin tiempo de su interioridad, podría haber observado y permitido el marchitamiento de su forma externa desde un lugar de serenidad y paz. Más aún, su forma externa se habría vuelto cada vez más transparente a la luz de su naturaleza verdadera y sin edad que brillaba a través de ella, así que su belleza no se habría marchitado sino simplemente se habría transformado en belleza espiritual. Sin embargo, nadie le dijo que esto era posible. El tipo de conocimiento más esencial no es todavía ampliamente accesible.

∫

El Buda enseñó que incluso la felicidad es *dukkha,* una palabra pali que significa "sufrimiento" o "insatisfacción". Es inseparable de su contrario. Esto significa que su felicidad e infelicidad son de hecho una sola cosa. Sólo la ilusión del tiempo las separa.

Esto no es ser negativo. Es simplemente reconocer la naturaleza de las cosas, de modo que no persiga una ilusión por el resto de su vida. Tampoco es decir que no debería apreciar ya las cosas o condiciones placenteras o bellas. Pero buscar en ellas algo que no pueden dar — una identidad, un sentido de permanencia y de realización — es una receta para la frustración y el sufrimiento. Toda la industria de la publicidad y la sociedad de consumo se derrumbarían si la gente se iluminara y dejara de buscar su identidad a través de las *cosas*. Cuanto más busque la felicidad por este medio, más lo eludirá. Nada exterior lo satisfará excepto temporal y superficialmente, pero puede que necesite experimentar muchas desilusiones antes de darse cuenta de esta verdad. Las cosas y las condiciones externas pueden darle placer, pero no pueden darle *alegría*. Nada puede *darle* alegría. La alegría no tiene causa y surge de adentro como alegría de Ser. Es parte esencial del estado interior de paz, el estado que ha sido llamado la paz de Dios. Es su estado natural, no algo para lo que usted tiene que trabajar duro o que tiene que esforzarse por alcanzar.

Muchas personas nunca se dan cuenta de que no puede haber "salvación" en nada que hagan, posean o alcancen. Los que se dan cuenta de ello a menudo se cansan del mundo y se deprimen: si nada puede darle verdadera realización, ¿qué queda para luchar por ello? ¿Qué sentido tiene todo?

El profeta del Antiguo Testamento debió llegar a tal comprensión cuando escribió: "He visto todo lo que se ha hecho bajo el sol y todo es vanidad y esforzarse contra el viento". Cuando usted llega a este punto, está a un paso de la desesperación y a un paso de la iluminación.

Un monje budista me dijo una vez: "Todo lo que he aprendido en los veinte años que llevo de monje puedo resumirlo en una frase: todo lo que surge se desvanece. Eso es lo que sé". Lo que quería decir, por supuesto, era esto: he aprendido a no ofrecer resistencia a lo que *es*; he aprendido a dejar ser al momento presente y a aceptar la naturaleza impermanente de todas las cosas y condiciones. Así he encontrado la paz.

No ofrecer resistencia a la vida es estar en un estado de gracia, sosiego y levedad. Ese estado ya no depende de que las cosas sean de cierto modo, buenas o malas. Parece casi paradójico, sin embargo que cuando su dependencia interior de la formas ha desaparecido, las condiciones generales de su vida, las formas externas, tienden a mejorar en gran medida. Las cosas, las personas o las condiciones que usted pensaba que necesitaba para su felicidad llegan ahora a usted sin esfuerzo de su parte y usted está libre para gozarlas y apreciarlas, mientras duren. Todas esas cosas, por supuesto, se irán, los ciclos irán y vendrán, pero una vez desaparecida la dependencia ya no hay temor a la pérdida. La vida fluye con facilidad.

La felicidad que se deriva de una fuente secundaria nunca es muy profunda. Es sólo un pálido reflejo de la felicidad de Ser, la paz vibrante que usted encuentra en su interior cuando entra en el estado de no resistencia. El Ser lo lleva más allá de los polos opuestos de la mente y lo libera de la dependencia de la forma. Incluso si todo se derrumbara a su alrededor, aún sentiría un profundo núcleo interior de paz. Puede que no sea feliz, pero estará en paz.

∫

USAR Y ABANDONAR LA NEGATIVIDAD

Toda resistencia interior se experimenta como negatividad en una forma u otra. Toda negatividad *es* resistencia. En este contexto, las dos palabras son casi sinónimos. La negatividad va de la irritación o la impaciencia a la rabia furiosa, de un humor depresivo o un resentimiento sombrío a la desesperación suicida. A veces la resistencia dispara el cuerpo del dolor emocional, en cuyo caso incluso una situación sin importancia puede producir negatividad intensa, tal como ira, depresión o tristeza profunda.

El ego cree que por medio de la negatividad puede manipular la realidad y conseguir lo que quiere. Cree que por medio de ella puede atraer una condición deseable o disolver una indeseable. *Un Curso sobre Milagros* señala con razón que, siempre que usted es infeliz, existe la creencia inconsciente de que la infelicidad le "compra" lo que quiere. Si "usted" — la mente — no creyera que la infelicidad funciona, ¿por qué la crearía? El hecho es, por supuesto, que la negatividad no funciona. En lugar de atraer una condición deseable, impide que surja. En lugar de disolver una indeseable, la mantiene en su lugar. Su única función "útil" es que refuerza el ego y por eso al ego le encanta.

Una vez que usted se ha identificado con alguna forma de negatividad, no quiere abandonarla y en un nivel profundamente inconsciente, no quiere un cambio positivo. Amenazaría su identidad de persona deprimida, iracunda, difícil. Entonces usted ignorará, negará o saboteará lo positivo de su vida. Este es un fenómeno común. Es también demencial.

La negatividad es totalmente antinatural. Es un contaminante psíquico y hay un vínculo profundo entre el envenenamiento y la destrucción de la naturaleza y la gran cantidad de negatividad que se ha acumulado en la psique humana colectiva. Ninguna otra forma de vida en el planeta conoce la negatividad, sólo los seres humanos, lo mismo que ninguna otra forma de vida viola y envenena la Tierra que la sostiene. ¿Ha visto usted alguna vez una flor infeliz o un roble estresado? ¿Alguna vez se ha encontrado un delfín deprimido, una rana con problemas de autoestima, un gato que no puede relajarse o un pájaro que arrastra odio y resentimiento? Los únicos animales que pueden experimentar ocasionalmente algo parecido a la negatividad o mostrar signos de conducta neurótica son los que viven en contacto estrecho con el hombre y que por eso se vinculan a la mente humana y a su locura.

Observe cualquier planta o animal y permita que le enseñe la aceptación de lo que es, la entrega al Ahora. Deje que le enseñe Ser. Deje que le enseñe integridad, lo que significa ser uno, ser usted mismo, ser real. Deje que le enseñe a vivir y a morir y *no* cómo convertir la vida y la muerte en un problema.

He vivido con varios maestros Zen, todos gatos. Incluso los patos me han enseñado importantes lecciones espirituales. Sólo mirarlos es una meditación. Cómo flotan tranquilamente, a gusto consigo mismos, totalmente presentes en el Ahora, dignos y perfectos como sólo una criatura sin mente puede estar. Ocasionalmente, sin embargo, dos patos se enzarzarán en una pelea, a veces sin razón aparente, o porque uno se ha metido en el espacio privado de otro. La pelea generalmente dura sólo unos segundos, y después los patos se separan, nadan en diferente dirección y aletean vigorosamente unas cuantas veces. Continúan entonces nadando tranquilamente como si la pelea nunca hubiera ocurrido. Cuando observé esto por primera vez, noté de repente que al mover las alas estaban liberando el exceso de energía, evitando así quedar atrapados en su cuerpo y caer en la negatividad. Esto es sabiduría natural y es fácil para ellos porque no tienen una mente que mantenga vivo el pasado innecesariamente y que construya una identidad en torno a él.

¿No podría una emoción negativa contener también un mensaje importante? Por ejemplo, si a menudo me siento deprimido, puede ser una señal de que algo anda mal en mi vida y puede forzarme a mirar mi situación vital y hacer algunos cambios. Así que necesito escuchar lo que la emoción me está diciendo y no rechazarla simplemente como negativa.

Sí, las emociones negativas recurrentes a menudo contienen un mensaje, lo mismo que las enfermedades. Pero cualquier cambio que usted haga, sea que tenga que ver con su trabajo, con sus relaciones o con lo que lo rodea, es en últimas sólo cosmético a menos que surja de un cambio en su nivel de conciencia. Y en cuanto a esto, sólo puede significar una cosa: volverse más presente. Cuando usted ha alcanzado cierto nivel de presencia, no necesita la negatividad para decirle lo que es necesario en su situación vital. Pero mientras la negatividad esté ahí, úsela. Úsela como una especie de señal que le recuerde estar más presente.

¿Cómo evitamos que surja la negatividad y cómo nos libramos de ella cuando aparece?

Como dije, evite que surja estando completamente presente. Pero no se desanime. Hay aún pocas personas en el planeta que pueden mantener un estado de presencia continua, aunque algunos están cerca de ello. Pronto, creo, habrá muchos más.

Siempre que se dé cuenta de que ha surgido alguna forma de negatividad en usted, mírela no como un fracaso sino como una señal útil que le dice: "Despierta. Sal de la mente. Vive el presente".

Hay una novela de Aldous Huxley titulada *La Isla*, escrita en sus últimos años, cuando se interesó mucho en las enseñanzas espirituales. Cuenta la historia de un náufrago en una isla remota separada del resto del mundo. Esta isla contiene una civilización única. Lo inusual de ella es que sus habitantes, al contrario de los del resto del mundo, son realmente cuerdos. La primera cosa que el hombre nota son unos papagayos coloridos encaramados en los árboles, que continuamente cotorrean las palabras "Atención. Aquí y Ahora. Atención. Aquí y Ahora". Luego nos enteramos de que los isleños les han enseñado estas palabras para que les recuerden constantemente mantenerse presentes.

Así que siempre que sienta la negatividad surgiendo en usted, causada por un factor externo, por un pensamiento o por nada en particular de lo que sea consciente, véala como una voz que le dice "Atención. Aquí y Ahora. Despierta". Incluso la más leve irritación es significativa y debe ser reconocida y observada; en caso contrario, habrá una acumulación de reacciones no observadas. Como dije antes, usted puede ser capaz de soltarla una vez se dé cuenta de que no quiere tener este campo de energía dentro de usted y de que no sirve para nada. Pero entonces asegúrese de que la suelta completamente. Si no puede hacerlo, acepte que está ahí y ponga su atención en ese sentimiento, como señalé anteriormente.

Como alternativa a abandonar una reacción negativa, puede hacerla desaparecer imaginando que usted se hace transparente a la causa externa de la reacción. Le recomiendo que practique esto al principio con cosas pequeñas, incluso triviales. Digamos que está sentado tranquilamente en casa. De repente se oye el sonido penetrante de la alarma de un auto al otro lado de la calle. Surge la irritación. ¿Qué sentido tiene la irritación? Ninguno en absoluto. ¿Por qué la creó usted? No lo hizo, fue la mente. Fue totalmente automático, totalmente inconsciente. ¿Por qué la creó la mente? Porque tiene la creencia inconsciente de que su resistencia, que usted experimenta como negatividad o infelicidad de alguna forma, disolverá en alguna medida la condición indeseable. Esto, por supuesto, es un engaño. La resistencia que crea, la irritación o ira en este caso, es mucho más perturbadora que la causa original que está tratando de disolver.

Todo esto puede transformarse en práctica espiritual. Siéntase a sí mismo volviéndose transparente, como quien dice, sin la solidez de un cuerpo material. Ahora permita que el sonido, o lo que sea que cause la reacción negativa, pase a través de usted. Ya no golpeará una "pared" sólida dentro de usted. Como dije, practique con cosas pequeñas primero. La alarma del auto, el perro que ladra, los niños que gritan, la congestión de tráfico. En lugar de tener un muro de resistencia dentro de usted que es golpeado constante y dolorosamente por las cosas que "no deberían estar sucediendo", deje que todo pase a través de usted.

Alguien le dice algo indelicado o con la intención de molestarlo. En lugar de tener una reacción negativa inconsciente, como ataque, defensa o repliegue, permita que pase a través de usted. No ofrezca resistencia. Es como si ya no hubiera nadie ahí que pudiera ser herido. *Eso* es el perdón. En esa forma, usted se vuelve invulnerable. Usted puede decirle a esa persona de todos modos que su conducta es inaceptable, si eso es lo que escoge hacer. Pero esa persona ya no tiene el poder de controlar su estado interior. Usted está entonces en su propio poder, no en el de la otra persona, y tampoco está gobernado por su mente. Se trate de una alarma de auto, una persona descortés, una inundación, un terremoto o la pérdida de todas sus posesiones, el mecanismo de resistencia es el mismo.

He practicado la meditación, he ido a talleres, he leído muchos libros sobre espiritualidad, intento estar en un estado de no resistencia, pero si usted me pregunta si he encontrado paz interior verdadera y duradera, honestamente debo contestar que no. ¿Por qué no la he encontrado? ¿Qué más puedo hacer?

Todavía está buscando afuera, y no puede salir del estado de búsqueda. Quizá el próximo taller tendrá la respuesta, quizá esa nueva técnica. Yo le diría: no busque paz. No busque ningún otro estado que ese en el que se encuentra ahora; de lo contrario, establecerá un conflicto interior y una resistencia inconsciente. Perdónese a sí mismo por no estar en paz. En el momento en que usted acepte *completamente* su falta de paz, se transmutará en paz. Ese es el milagro de la entrega.

∫

Usted puede haber oído la frase "ponga la otra mejilla", que un gran maestro de la iluminación usó hace dos mil años. Estaba tratando de comunicar simbólicamente el secreto de la no resistencia y la no reacción. En esa afirmación, como en todas las otras que hizo, se refería sólo a su realidad interior, no a la conducta externa de su vida.

¿Conoce la historia de Banzan? Antes de convertirse en un gran maestro Zen, pasó muchos años en la búsqueda de la iluminación, pero esta lo eludía. Entonces un día, cuando caminaba por el mercado, oyó una conversación entre un carnicero y su cliente. "Déme el mejor trozo de carne que tenga", decía el cliente. Y el carnicero replicó: "Todos los trozos de carne que tengo son el mejor. No hay un trozo de carne aquí que no sea el mejor". Al oír esto, Banzán se iluminó.

Veo que espera una explicación. Cuando usted acepta lo que *es*, todo trozo de carne — todo momento — es el mejor. En eso consiste la iluminación.

LA NATURALEZA DE LA COMPASIÓN

Al ir más allá de los opuestos de la mente, usted se vuelve como un lago profundo. La situación externa de su vida y lo que pase en ella, es la superficie del lago. A veces calmada, a veces ventosa y tempestuosa, de acuerdo con los ciclos y las estaciones. En el fondo, sin embargo, el lago está siempre en calma. Usted es todo el lago, no sólo la superficie, y está en contacto con su propia profundidad, que permanece absolutamente calmada. Usted no se resiste al cambio aferrándose mentalmente a ninguna situación. Su paz interior no depende de ello. Usted habita en el Ser — inmutable, intemporal, inmortal — y ya no es dependiente para la realización o la felicidad de ese mundo exterior que se compone de formas constantemente fluctuantes. Usted puede gozar de ellas, jugar con ellas, crear nuevas formas, apreciar la belleza de todo ello. Pero no habrá necesidad de apegarse a ninguna.

Cuando usted se desapega así, ¿no significa que también se aleja de los demás seres humanos?

Al contrario. Mientras no es consciente del Ser, la realidad de los demás seres humanos lo eludirá, porque no se ha encontrado a sí mismo. A su mente le agradará o desagradará su forma, que no es solamente su cuerpo sino que incluye su mente también. La verdadera relación se vuelve posible sólo cuando hay una conciencia del Ser. Viniendo del Ser, usted percibirá el cuerpo y la mente de otra persona como una especie de pantalla detrás de la cual usted puede sentir la verdadera realidad del otro, como siente la suya propia. Así pues, cuando confronta el sufrimiento o la conducta inconsciente del otro, permanece presente y en contacto con el Ser y es capaz de mirar más allá de la forma y percibir el Ser radiante y puro de la otra persona a través del propio. En el nivel del Ser, todo sufrimiento es reconocido como una ilusión. El sufrimiento se debe a la identificación con la forma. A veces ocurren milagros de sanación por medio de esta comprensión, al despertar en otros la conciencia de Ser, si están listos.

¿En eso consiste la compasión?

Sí. La compasión es la conciencia de un vínculo profundo entre usted y todas las criaturas. Pero hay dos aspectos en la compasión, dos lados en ese vínculo. Por una parte, puesto que usted todavía está aquí como un cuerpo físico, comparte la vulnerabilidad y mortalidad de su forma física con todos los demás hombres y con todo ser viviente. La próxima vez que diga "No tengo nada en común con esta persona" recuerde que tiene mucho en común: dentro de unos años — dos o setenta, no hay mucha diferencia — ambos se habrán convertido en cadáveres que se pudren, luego en montones de polvo, luego en nada. Esta es una comprensión que lo ayuda a ser sobrio y humilde y deja poco campo al orgullo. ¿Es este un pensamiento negativo? No, es un hecho. ¿Por qué cerrar los ojos ante él? En ese sentido, hay total igualdad entre usted y todas las demás criaturas.

Una de las prácticas espirituales más poderosas es meditar profundamente en la mortalidad de las formas físicas, incluida la propia. A esto se le llama morir antes de morir. Entre en ello profundamente. Su forma física se está disolviendo, no existe más. Después viene un momento en que todas las formas de la mente o pensamientos también mueren. Sin embargo *usted* está aún ahí, la presencia divina que es usted. Radiante, completamente despierta. Nada que fuera real murió nunca, sólo los nombres, las formas y las ilusiones.

∫

La comprensión de esta dimensión inmortal, su verdadera naturaleza, es el otro lado de la compasión. En un nivel de percepción profundo, usted reconoce ahora no sólo su propia inmortalidad sino a través de la suya la de todas las demás criaturas también. En el nivel de la forma, usted comparte la mortalidad y la precariedad de la existencia. En el nivel del Ser, usted comparte la vida radiante, eterna. Estos son los dos aspectos de la compasión. En la compasión, los sentimientos aparentemente opuestos de tristeza y alegría se mezclan en uno y se transmutan en una profunda paz interior. Esa es la paz de Dios. Es uno de los sentimientos más nobles de los que el ser humano es capaz, y tiene un gran poder curativo y transformador. Pero la verdadera compasión, como la he descrito, todavía es escasa. Sentir profunda empatía con el sufrimiento de otro ser ciertamente requiere un alto grado de conciencia, pero representa sólo una cara de la compasión. No es completa. La verdadera compasión va más allá de la empatía o simpatía. No ocurre hasta que la tristeza se mezcla con la alegría, la alegría del Ser más allá de las formas, la alegría de la vida eterna.

HACIA UN ORDEN DE REALIDAD DIFERENTE

No estoy de acuerdo en que el cuerpo tiene que morir. Estoy convencido de que podemos lograr la inmortalidad física. Creemos en la muerte y por eso el cuerpo muere.

El cuerpo no muere porque usted cree en la muerte. El cuerpo existe, o parece existir, porque usted cree en la muerte. El cuerpo y la muerte son parte de la misma ilusión, creada por el modo de conciencia egotista, que no tiene conciencia de la Fuente de la vida y se ve a sí mismo como separado y bajo una constante amenaza. Así pues, crea la ilusión de que usted es un cuerpo, un denso vehículo físico que está constantemente bajo amenaza.

Percibirse a sí mismo como un cuerpo vulnerable que nació y un poco más tarde muere, es una ilusión. Cuerpo y muerte: una ilusión. Usted no puede tener uno sin la otra. Usted quiere conservar una cara de la ilusión y librarse de la otra, pero eso es imposible. O lo conserva todo o renuncia a todo.

Sin embargo, no puede escapar del cuerpo, ni tiene que hacerlo. El cuerpo es una increíble percepción falsa de su verdadera naturaleza. Pero su verdadera naturaleza está escondida en alguna parte dentro de esa ilusión, no fuera de ella, así que el cuerpo es todavía el único punto de acceso a ella.

Si usted viera un ángel, pero lo confundiera con una estatua de piedra, todo lo que tendría que hacer sería ajustar su visión y mirar más de cerca la "estatua de piedra", no empezar a mirar a otra parte. Entonces descubriría que nunca hubo una estatua de piedra.

Si la creencia en la muerte crea el cuerpo ¿por qué un animal tiene cuerpo? Un animal no tiene un ego y no cree en la muerte...

Pero a pesar de ello, muere, o eso parece.

Recuerde que su percepción del mundo es un reflejo de su estado de conciencia. Usted no está separado de él y no hay mundo objetivo allá afuera. En cada momento, su conciencia crea el mundo que usted habita. Una de las grandes comprensiones que ha surgido de la física moderna es la de la unidad entre el observador y lo observado: la persona que dirige el experimento — la conciencia observadora — no puede separarse de los fenómenos observados, y una forma diferente de mirar hace que los fenómenos observados se comporten de modo diferente. Si usted cree, en un nivel profundo, en la separación y la lucha por la supervivencia, entonces ve esta creencia reflejada alrededor de usted y sus percepciones son gobernadas por el miedo. Usted habita un mundo de muerte y de cuerpos que luchan, matan, y se devoran unos a otros.

Nada es lo que parece ser. El mundo que usted crea y ve a través de la mente egotista puede parecer un lugar muy imperfecto, incluso un valle de lágrimas. Pero cualquier cosa que usted perciba es solamente una especie de símbolo, como una imagen en un sueño. Es la forma en que su conciencia interpreta e interactúa con la danza de energía molecular del universo. Esta energía es la materia prima de la "llamada" realidad física. Usted la ve como cuerpos y nacimiento y muerte, o como lucha por la supervivencia. Es posible y de hecho existe, un número infinito de interpretaciones completamente diferentes, de mundos completamente diferentes, según la conciencia que los percibe. Cada ser es un punto focal de conciencia y cada punto focal crea su propio mundo, aunque todos los mundos están interconectados. Hay un mundo humano, un mundo de las hormigas, un mundo de los delfines, etcétera. Hay innumerables seres cuya frecuencia de conciencia es tan diferente de la suya, que probablemente usted es inconsciente de su existencia, como ellos lo son de la suya. Los seres altamente conscientes, que se dan cuenta de su conexión con la Fuente y con los demás, habitarían un mundo que parecería un reino celestial; y sin embargo todos los mundos son finalmente uno.

Nuestro mundo humano colectivo se crea en gran medida por medio del nivel de conciencia que llamamos mente. Incluso dentro del mundo colectivo humano hay grandes diferencias, muchos "submundos" diferentes, dependiendo de los que perciben o crean sus mundos respectivos. Puesto que todos los mundos están interconectados, cuando la conciencia colectiva humana se transforme, la naturaleza y el reino animal reflejarán esa transformación. De ahí la frase de la Biblia que dice que en los tiempos venideros "El león descansará con el cordero". Esto señala la posibilidad de un orden de realidad completamente diferente.

El mundo como se nos aparece ahora es en gran medida, como dije, un reflejo de la mente egotista. Puesto que el miedo es una consecuencia inevitable del error egotista, es un mundo dominado por el miedo. De la misma forma en que las imágenes de un sueño son símbolos de estados y sentimientos interiores, nuestra realidad colectiva es en gran medida una expresión simbólica de miedo y de las pesadas capas de negatividad que se han acumulado en la psique humana colectiva. No estamos separados de nuestro mundo, así que cuando la mayoría de los seres humanos se libere del engaño egotista, este cambio interior afectará a toda la creación. Usted habitará literalmente en un mundo nuevo. Es un cambio en la conciencia planetaria. El extraño dicho budista de que cada árbol y cada hoja de hierba eventualmente se volverán iluminados, apunta a la misma verdad. De acuerdo con San Pablo, toda la creación está esperando a que los seres humanos se vuelvan iluminados. Así interpreto yo su dicho de que "El universo creado está esperando con ansiedad a que el hijo de Dios sea revelado". San Pablo continúa diciendo que toda la creación será redimida por medio de esto: "Hasta el presente... todo el universo creado en todas sus partes gime con dolores de parto".

Lo que está naciendo es una nueva conciencia y, como su reflejo inevitable, un nuevo mundo. Esto también se predice en el Libro de la Revelación del Nuevo Testamento: "Entonces vi un nuevo cielo y una nueva tierra, porque el primer cielo y la primera tierra habían desaparecido".

Pero no confunda causa y efecto. Su tarea primordial no es buscar la salvación por medio de la creación de un mundo mejor, sino despertar de la identificación con la forma. Entonces usted no está atado a este mundo, a este nivel de realidad. Usted puede sentir sus raíces en lo No Manifestado y así está libre del apego al mundo manifestado. Usted puede disfrutar aún de los placeres pasajeros de este mundo, pero ya no hay miedo de la pérdida, así que no necesita aferrarse a ellos. Aunque usted puede gozar los placeres sensoriales, el anhelo de experiencia sensorial se ha ido, así como la búsqueda constante de realización a través de la gratificación psicológica, a través de la alimentación del ego. Usted está en contacto con algo infinitamente más grande que cualquier placer, más grande que cualquier cosa manifestada.

En un sentido, usted no necesita entonces ya del mundo. No necesita siquiera que sea diferente de como es.

Sólo en este punto usted comienza a hacer una contribución real a la venida de un mundo mejor, a crear un orden diferente de realidad. Sólo en este punto usted es capaz de sentir verdadera compasión y de ayudar a los demás en el nivel de las causas. Sólo los que han trascendido el mundo pueden hacer surgir un mundo mejor.

Puede que recuerde que hemos hablado de la naturaleza dual de la compasión verdadera, que es conciencia de un lazo común de mortalidad e inmortalidad compartidas. En este nivel profundo, la compasión se vuelve sanadora en su sentido más amplio. En ese estado, su influencia de sanación está basada primariamente no en el hacer sino en el ser. Toda persona con la que usted entre en contacto será tocada por su presencia y afectada por la paz que usted emane, sean conscientes de ello o no. Cuando usted está completamente presente y las personas que lo rodean manifiestan conducta inconsciente, usted no sentirá necesidad de reaccionar a ella, así que no le da realidad. Su paz es tan vasta y profunda que todo lo que no es paz desaparece en ella como si nunca hubiera existido. Esto rompe el ciclo kármico de la acción y la reacción. Los animales, los árboles, las flores, sentirán su paz y responderán a ella. Usted enseña por medio del ser, demostrando la paz de Dios. Usted se vuelve la "luz del mundo", una emanación de pura conciencia y así elimina el sufrimiento desde su causa. Usted elimina la inconsciencia del mundo.

∫

Esto no significa que usted no pueda enseñar también a través del hacer, por ejemplo señalando cómo dejar la identificación con la mente, cómo reconocer patrones inconscientes en uno mismo, etcétera. Pero quien *es* usted es siempre una enseñanza más vital y un elemento de transformación del mundo más poderoso que lo que usted dice, y más esencial incluso que lo que usted hace. Más aún, reconocer la primacía del Ser y trabajar así desde la causa no excluye la posibilidad de que su compasión se manifieste simultáneamente en el nivel del hacer y de los efectos, al aliviar el sufrimiento siempre que se tropiece con él. Cuando una persona hambrienta le pida pan y usted tenga, se lo dará. Pero mientras da el pan, aunque su interacción pueda ser sólo muy breve, lo que realmente importa es ese momento de Ser compartido, del cual el pan es sólo un símbolo. En él tiene lugar una profunda curación. En ese momento no hay dador ni quien recibe.

Pero en primer lugar no debería haber hambre ni miseria. ¿Cómo podemos crear un mundo mejor sin luchar primero contra males como el hambre y la violencia?

Todos los males son el *efecto* de la inconsciencia. Usted puede aliviar los efectos de la inconsciencia, pero no puede eliminarlos a menos que elimine su causa. El cambio verdadero ocurre dentro, no en el exterior.

Si usted se siente llamado a aliviar el sufrimiento del mundo, es una tarea muy noble, pero recuerde no concentrarse exclusivamente en lo exterior; de otro modo, encontrará frustración y desesperación. Sin un cambio profundo en la conciencia humana, el sufrimiento del mundo es un pozo sin fondo. Así que no deje que su compasión se vuelva de una sola cara. La empatía con el dolor o las carencias de los demás y el deseo de ayudar deben ser equilibrados con una comprensión más profunda de la naturaleza eterna de toda vida y de la ilusión última que hay detrás de todo dolor. Entonces deje que su paz fluya en todo lo que hace y estará trabajando en los niveles de la causa y el efecto simultáneamente.

Esto también se aplica si usted está apoyando un movimiento destinado a evitar que los hombres profundamente inconscientes se destruyan a sí mismos, unos a otros y al planeta, o que continúen infligiendo horribles sufrimientos a otros seres sensibles. Recuerde: lo mismo que usted no puede combatir la oscuridad, no puede combatir la inconsciencia. Si intenta hacerlo, los polos opuestos se fortalecerán y se atrincherarán más profundamente. Usted se identificará con una de las polaridades, creará un "enemigo" y será así arrastrado a la inconsciencia. Aumente la conciencia divulgando información o a lo sumo practique la resistencia pasiva. Pero asegúrese de que no lleva resistencia en su interior, ni odio, ni negatividad. "Ama a tus enemigos", dijo Jesús, lo que por supuesto significa "no tengas enemigos".

Una vez se involucre en trabajar en el nivel de los efectos, es muy fácil perderse en él. Manténgase alerta y muy, muy presente. El nivel causal debe seguir siendo su foco primario, la enseñanza de la iluminación su propósito principal y la paz su más precioso don para el mundo.

CAPÍTULO DIEZ

EL SIGNIFICADO
DE LA ENTREGA

LA ACEPTACIÓN DEL AHORA

Usted mencionó "entrega" unas cuantas veces. No me gusta esa idea. Me suena algo fatalista. Si siempre aceptamos el modo en que son las cosas, no estamos haciendo ningún esfuerzo para mejorarlas. Me parece que el progreso consiste, tanto en nuestra vida personal como colectivamente, en no aceptar las limitaciones del presente sino en esforzarse por superarlas y crear algo mejor. Si no hubiéramos hecho esto, aún estaríamos viviendo en las cavernas. ¿Cómo reconcilia la entrega con cambiar las cosas y lograr hacerlas?

Para algunas personas, la entrega puede tener connotaciones negativas, implica derrota, renunciar, fracasar en superar los retos de la vida, aletargarse, o algo así. La verdadera entrega, sin embargo, es algo completamente diferente. No significa soportar pasivamente cualquier situación en la cual se encuentre y no hacer nada al respecto. Tampoco significa dejar de hacer planes o de iniciar acciones positivas.

La entrega es la simple, pero profunda sabiduría de *ceder* más que *oponerse* al fluir de la vida. El único lugar donde usted puede experimentar el fluir de la vida es en el Ahora, así que entregarse es aceptar el momento presente incondicionalmente y sin reservas. Es abandonar la resistencia interior a lo que *es*, por el juicio mental y la negatividad emocional. Se vuelve particularmente pronunciada cuando las cosas "van mal", lo que significa que hay una brecha entre las demandas o expectativas rígidas de su mente y lo que *es*. Esa es la brecha del dolor. Si usted ha vivido bastante, sabrá que las cosas "van mal" muy a menudo. Es precisamente en esas ocasiones cuando se debe practicar la entrega, si usted quiere eliminar el dolor y la tristeza de su vida. La aceptación de lo que *es* lo libera inmediatamente de la identificación con la mente y así lo vuelve a conectar con el Ser. La resistencia *es* la mente.

La entrega es un fenómeno puramente interior. No significa que en el exterior usted no pueda actuar y cambiar la situación. De hecho, no es la situación total lo que usted debe aceptar cuando se entrega, sino sólo el minúsculo segmento llamado el Ahora.

Por ejemplo, si usted estuviera atascado en el barro en algún sitio, no diría: "Bien, me resigno a quedarme en el barro". La resignación no es entrega. Usted no tiene que aceptar una situación vital indeseable o desagradable. Ni necesita engañarse a sí mismo y decir que no hay nada malo en estar atascado en el barro. No, usted reconoce completamente que quiere salir de ahí. Entonces concentra su atención en el momento presente sin etiquetarlo mentalmente de ninguna forma. Esto significa que no juzga al Ahora. Por lo tanto, no hay resistencia, ni negatividad emocional. Usted acepta el ser del momento. Entonces emprende la acción y hace todo lo que puede para salir del barro. A tal acción la llamo acción positiva. Es mucho más efectiva que la acción negativa, que surge de la ira, la desesperación o la frustración. Hasta que usted logre el resultado deseado, continúa practicando la entrega refrenándose de calificar el Ahora.

Permítame darle una analogía visual para ilustrar lo que trato de decir. Usted está caminando por un sendero por la noche, rodeado de una niebla espesa. Pero tiene una linterna potente que atraviesa la niebla y crea un estrecho espacio claro frente a usted. La niebla es su situación vital, que incluye el pasado y el futuro; la linterna es su presencia consciente; el espacio claro es el Ahora.

La incapacidad de aceptar endurece su forma psicológica, la cáscara del ego, y crea así un fuerte sentido de separación. El mundo que lo rodea y en particular la gente se perciben como amenazas. Surge la compulsión inconsciente de destruir a los demás por medio del juicio, así como la necesidad de competir y dominar. Incluso la naturaleza se convierte en su enemiga y sus percepciones e interpretaciones están dominadas por el miedo. La enfermedad mental que llamamos paranoia es sólo una forma un poco más aguda de este estado normal, pero disfuncional, de conciencia.

No sólo su forma psicológica sino también su forma física — su cuerpo — se vuelve duro y rígido por la resistencia. La tensión surge en diferentes partes del cuerpo y el cuerpo en su totalidad se contrae. El flujo libre de la energía vital a través de él, que es esencial para su funcionamiento saludable, se restringe en gran medida. El ejercicio y ciertas formas de terapia física pueden ayudar a restaurar este flujo, pero a menos que usted practique la entrega en su vida diaria, estas medidas sólo producen un alivio temporal de los síntomas puesto que la causa — el patrón de la resistencia — no ha sido disuelto.

Hay algo dentro de usted que no se afecta por las circunstancias transitorias que forman su situación vital y sólo a través de la entrega usted tiene acceso a ello. Es su vida, su verdadero ser, que existe eternamente en el reino intemporal del presente. Descubrir esa vida es "la única cosa necesaria", de la que habló Jesús.

∫

Si usted encuentra su situación vital insatisfactoria o incluso intolerable, sólo entregándose primero puede romper el patrón de resistencia inconsciente que perpetúa esa situación.

La entrega es perfectamente compatible con la acción, con iniciar cambios o lograr metas. Pero en el estado de rendición hay una energía totalmente diferente, una cualidad distinta, que fluye en su actuar. La entrega lo vuelve a conectar con la fuente de energía del Ser y si su actuación está infundida por el Ser, se convierte en una celebración gozosa de energía vital que lo lleva más profundamente al Ahora. Por medio de la no resistencia, la calidad de su conciencia y, por lo tanto, la calidad de todo lo que está haciendo o creando se realza inconmensurablemente. Los resultados entonces se producirán por sí mismos y reflejarán esa calidad. Podríamos llamar a esto "acción entregada". No es el trabajo como lo hemos conocido por miles de años. Según más seres humanos alcancen el despertar, la palabra *trabajo* irá desapareciendo de nuestro vocabulario y quizá se cree una nueva palabra para reemplazarla.

La cualidad de su conciencia en este momento es la que constituye el determinante principal del tipo de futuro que experimentará; así pues, entregarse es lo más importante que puede hacer para producir un cambio positivo. Cualquier acción que realice es secundaria. No puede surgir una acción verdaderamente positiva de un estado de conciencia sin entrega.

Puedo entender que si estoy en una situación desagradable o insatisfactoria y acepto completamente el momento como es, no habrá sufrimiento o infelicidad. Me habré elevado por encima de ella. Pero aún no puedo entender bien de dónde vendrá la energía o motivación para actuar y producir el cambio si no hay cierta cantidad de insatisfacción.

En el estado de entrega, usted ve muy claramente lo que debe hacerse y actúa, haciendo una cosa cada vez y concentrándose en una cosa a la vez. Aprenda de la naturaleza: vea cómo todo se logra y cómo el milagro de la vida se despliega sin insatisfacción o infelicidad. Por eso Jesús dijo: "miren los lirios, cómo crecen; ni se afanan ni se enredan".

Si su situación general es insatisfactoria o desagradable, *separe este instante* y entréguese a lo que *es*. Esa es la linterna que atraviesa la niebla. Su estado de conciencia deja entonces de ser controlado por las condiciones externas. Usted ya no depende de la reacción y la resistencia.

Entonces mire los detalles específicos de la situación. Pregúntese a sí mismo: "¿Hay algo que pueda hacer para cambiar la situación, mejorarla o apartarme de ella?" Si es así, actúe apropiadamente. No se concentre en las cien cosas que hará o podría hacer en el futuro sino en la única que puede hacer ahora. Eso no significa que no deba planear. Puede ser que esa planeación sea lo único que puede hacer ahora. Pero asegúrese de no empezar a proyectar "películas mentales", a proyectarse a sí mismo hacia el futuro y a perder así el Ahora. Cualquier acción que usted emprenda puede no producir fruto inmediatamente. Hasta que lo haga, no se resista a lo que es. Si no puede actuar y tampoco se puede apartar de la situación, úsela para ayudarle a profundizar más en la entrega, para profundizar más en el Ahora, en el Ser. Cuando usted entra en esta dimensión intemporal del presente, el cambio llega a veces de forma extraña sin necesidad de mucha acción de su parte. La vida se vuelve cooperadora y viene en su ayuda. Si factores internos, como el miedo, la culpa o la inercia le impiden actuar, se disolverán a la luz de su presencia consciente.

No confunda la entrega con una actitud de "Nada me puede molestar ya" o "Ya no me importa". Si lo mira de cerca, descubrirá que tal actitud está teñida de negatividad en forma de resentimiento oculto y por lo tanto no es entrega sino resistencia enmascarada. Según se entrega, dirija su atención hacia el interior para comprobar si queda alguna huella de resistencia dentro de usted. Esté muy alerta cuando lo haga; de otra forma la resistencia puede seguir ocultándose en algún rincón oscuro, en forma de un pensamiento o una emoción no reconocidos.

DE LA ENERGÍA MENTAL A LA ENERGÍA ESPIRITUAL

Soltar la resistencia: es más fácil decirlo que hacerlo. No veo todavía claramente cómo soltarla. Si usted dice que por medio de la entrega, aún queda la cuestión de "cómo".

Empiece por reconocer que *hay* resistencia. *Esté* ahí cuando ocurra, cuando surja la resistencia. Observe cómo la produce su mente, cómo clasifica la situación, a usted mismo, a los demás. Mire el proceso de pensamiento involucrado en ello. Sienta la energía de la emoción. Al ser testigo de la resistencia, usted verá que no sirve para nada. Al concentrar toda su atención en el Ahora, la resistencia inconsciente se hace consciente, y ahí acaba. Usted no puede ser consciente *e* infeliz, consciente y negativo. La negatividad, la infelicidad o el sufrimiento de cualquier forma significan que hay resistencia y la resistencia es siempre inconsciente.

¿Seguro puedo ser consciente de mis sentimientos de infelicidad?

¿Escogería usted la infelicidad? ¿Si no la escogió cómo surgió? ¿Cuál es su propósito? ¿Quién la mantiene viva? Usted dice que es consciente de sus sentimientos de infelicidad, pero la verdad es que usted está identificado con ellos y mantiene vivo el proceso por medio del pensamiento compulsivo. Todo *eso* es inconsciente. Si usted fuera consciente, es decir, si estuviera totalmente presente en el Ahora, toda la negatividad se disolvería casi instantáneamente. No podría sobrevivir en su presencia. Sólo puede hacerlo en su ausencia. Incluso el cuerpo del dolor no puede sobrevivir mucho tiempo en su presencia. Usted mantiene viva su infelicidad dándole tiempo, que es su elemento vital. Suprima el tiempo por medio de la conciencia intensa del momento presente y morirá. ¿Pero quiere que muera? ¿Realmente ya está cansado? ¿Quién sería usted sin él?

Hasta que practique la entrega, la dimensión espiritual es algo sobre lo que lee, habla, con lo que se emociona, acerca de lo que escribe libros, en lo que cree, o en lo que no, según el caso. No hay ninguna diferencia. Sólo cuando usted se entrega se vuelve una realidad viva en su vida. Cuando usted lo hace, la energía que usted emana y que entonces gobierna su vida es de una frecuencia vibratoria mucho más alta que la energía de la mente que aún gobierna nuestro mundo, la energía que creó las estructuras sociales, políticas y económicas existentes en nuestra civilización. Y que también se perpetúa a sí misma continuamente por medio de nuestros sistemas educativos y de nuestros medios de comunicación. A través de la entrega, la energía espiritual llega a este mundo. No genera sufrimiento para usted, para los demás seres humanos o para cualquier otra forma de vida del planeta. Al contrario de la energía de la mente, no contamina la Tierra y no está sujeta a la ley de las polaridades, que determina que nada puede existir sin su contrario, que no puede haber bien sin mal. Los que funcionan con la energía de la mente, que son todavía la inmensa mayoría de la población de la Tierra, siguen siendo inconscientes de la existencia de la energía espiritual, la cual pertenece a un orden diferente de la realidad y creará un mundo diferente cuando un número suficiente de seres humanos entren en el estado de entrega y así queden totalmente libres de negatividad. Si la Tierra ha de sobrevivir, esta será la energía de los que habiten en ella.

Jesús se refirió a esta energía cuando hizo su famosa afirmación profética en el Sermón de la Montaña: "Bienaventurados los mansos; ellos heredarán la Tierra". Es una presencia silenciosa, pero intensa, la cual disuelve los patrones inconscientes de la mente, que pueden seguir aún activos por un tiempo, pero ya no gobernarán su vida. Las condiciones externas a las que uno se resistía tienden también a cambiar o a disolverse rápidamente por medio de la entrega. Es un transformador poderoso de las situaciones y de la gente. Si las condiciones no cambian inmediatamente, su aceptación del Ahora le permite elevarse por encima de ellas. En cualquier caso, usted es libre.

LA ENTREGA EN LAS RELACIONES PERSONALES

¿Y qué pasa con la gente que quiere usarme, manipularme o controlarme? ¿Debo someterme a ellos?

Están separados del Ser, así que inconscientemente intentan tomar energía y poder de usted. Es cierto que sólo una persona inconsciente tratará de usar o manipular a los demás, pero es igualmente cierto que sólo una persona inconsciente *puede* ser usada y manipulada. Si usted se resiste o lucha contra la conducta inconsciente de los demás, usted también se vuelve inconsciente. Pero la entrega no significa que usted permita que lo usen las personas inconscientes. En absoluto. Es perfectamente posible decir "no" firme y claramente a una persona o apartarse de una situación y estar en un estado de completa falta de resistencia interior al mismo tiempo. Cuando usted dice "no" a una persona o a una situación, procure que su reacción nazca de la comprensión, de una clara conciencia de lo que es correcto o no para usted en ese momento. Haga que sea un "no" no reactivo, un "no" de alta calidad, un "no" libre de toda negatividad y que así no cree más sufrimiento.

Estoy en una situación en el trabajo que es desagradable. He intentado entregarme a ella, pero lo encuentro imposible. Sigue surgiendo mucha resistencia.

Si usted no puede entregarse, actúe inmediatamente. Hable o haga algo para producir un cambio en la situación, o apártese de ella. Asuma responsabilidad de su vida. No contamine su hermoso, radiante Ser interior ni la Tierra con negatividad. No le dé a la infelicidad en cualquier forma un lugar de residencia en su interior.

Si usted no puede actuar, por ejemplo, si está en prisión, le quedan dos elecciones: la resistencia o la entrega. La sujeción o la libertad interior de las condiciones externas. El sufrimiento o la paz interior.

¿La no resistencia debe practicarse también en la conducta externa de nuestra vida, como por ejemplo la no resistencia a la violencia, o es algo que sólo concierne a nuestra vida interior?

Usted sólo necesita preocuparse del aspecto interior. Eso es primordial. Por supuesto, eso también transformará la conducta de su vida externa, sus relaciones y así sucesivamente.

Sus relaciones cambiarán profundamente con la entrega. Si usted no puede aceptar nunca lo que es, eso implica que tampoco podrá aceptar a las personas como son. Usted juzgará, criticará, encasillará, rechazará o intentará cambiar a las personas. Además, si usted convierte continuamente al Ahora en un medio para alcanzar un fin en el futuro, usted también convertirá a cada persona que encuentre o con la que se relacione en un medio para un fin. La relación — el ser humano — es entonces de importancia secundaria para usted, o sin ninguna importancia. Lo que usted puede obtener de la relación es lo primordial, sea ello una ganancia material, una sensación de poder, placer físico, o alguna forma de gratificación del ego.

Permítame ilustrarle cómo la entrega puede funcionar en las relaciones. Cuando usted se involucra en una discusión o en alguna situación de conflicto, quizá con una pareja o con alguien cercano a usted, empiece por observar cómo se vuelve defensivo según es atacada su posición, o sienta la fuerza de su propia agresión según ataca la posición de la otra persona. Observe su apego a sus puntos de vista y opiniones. Sienta la energía mental-emocional que hay tras su necesidad de tener la razón y de mostrar lo equivocada que está la otra persona. Esa es la energía de la mente egotista. Usted lo hace consciente al reconocerlo, al sentirlo tan plenamente como sea posible. Entonces un día, en medio de una discusión, se dará cuenta súbitamente de que tiene una opción y puede que decida abandonar su reacción, sólo para ver qué pasa. Usted se entrega. No me refiero a abandonar la reacción sólo verbalmente diciendo: "De acuerdo, usted tiene razón" con una cara que dice: "Estoy por encima de toda inconsciencia infantil". Eso es sólo desplazar la resistencia a otro terreno, con la mente egotista todavía dominando, reclamando superioridad. Estoy hablando de soltar todo el campo de energía mental-emocional que está dentro de usted luchando por el poder.

El ego es astuto, así que usted debe estar muy alerta, muy presente y ser totalmente honesto consigo mismo para ver si ha abandonado verdaderamente su identificación con una posición mental y se ha liberado así de su mente. Si usted súbitamente se siente muy ligero, claro y profundamente en paz, ese es un signo inequívoco de que se ha entregado verdaderamente. Entonces observe qué ocurre a la posición mental de la otra persona cuando usted ya no la energiza con su resistencia. Cuando la identificación con las posiciones mentales deja de estorbar, comienza la verdadera comunicación.

¿Y qué hay de la no resistencia frente a la violencia, la agresión y las situaciones similares?

La no resistencia no significa necesariamente no hacer nada. Todo lo que significa es que cualquier acto se vuelve no reactivo. Recuerde la profunda sabiduría que subyace en la práctica de las artes marciales orientales: no se resista a la fuerza del oponente. Ceda para superarla.

Se ha dicho que "no hacer nada" cuando usted está en un estado de intensa presencia es un elemento transformador poderoso y un curador de la situaciones y de la gente. En el taoísmo, hay un término llamado *wu wei*, que se traduce habitualmente como "actividad sin acción" o sentarse en silencio sin hacer nada. En la antigua China, esto se consideraba uno de los más altos logros o virtudes. Es radicalmente diferente de la inactividad en el estado ordinario de conciencia, o más bien de inconsciencia, que brota del miedo, la inercia o la indecisión. El verdadero "no hacer nada" implica no resistencia interior e intenso estado de alerta.

Por otro lado, si se requiere acción, usted ya no reaccionará a partir de su mente condicionada, sino que responderá a la situación a partir de su presencia consciente. En ese estado, su mente está libre de conceptos, incluido el concepto de no violencia. ¿Así que, quién puede predecir lo que usted hará?

El ego cree que su fuerza se encuentra en su resistencia, mientras que en verdad la resistencia lo separa del Ser, el único lugar de verdadero poder. La resistencia es debilidad y miedo enmascarados como fuerza. Lo que el ego ve como debilidad es su Ser en su pureza, inocencia y poder. Lo que ve como fuerza es debilidad. Así pues el ego existe en un modo de resistencia continua y simula papeles para encubrir su "debilidad", que en realidad es su poder.

Hasta que haya entrega, la representación inconsciente de papeles en un drama constituye una parte importante de la interacción humana. En la entrega, usted ya no necesita defensas del ego ni falsas máscaras. Usted se vuelve muy sencillo, muy real. "Eso es peligroso" dice el ego. "Vas a resultar herido. Te vas a volver vulnerable". Lo que el ego no sabe, desde luego, es que sólo abandonando la resistencia, volviéndose "vulnerable", usted puede descubrir su verdadera invulnerabilidad.

TRANSFORMAR LA ENFERMEDAD EN ILUMINACIÓN

Si alguien está gravemente enfermo y acepta completamente su condición y se entrega a la enfermedad, ¿no habría renunciado a su derecho a recuperar la salud? La determinación de luchar con la enfermedad desaparecería, ¿no?

La entrega es la aceptación interior de lo que *es* sin reservas. Estamos hablando de su *vida* — este instante — no de las condiciones o circunstancias de su vida, no de lo que llamo su situación vital. Ya hemos hablado de esto.

En cuanto a la enfermedad, eso es lo que significa. La enfermedad es parte de su situación vital. Como tal, tiene un pasado y un futuro. El pasado y el futuro forman un continuo ininterrumpido, a menos que el poder redentor del Ahora se active por medio de su presencia consciente. Como sabe, bajo las diferentes condiciones que forman su situación vital, que existen en el tiempo, hay algo más profundo, más esencial: su Vida, su verdadero Ser en el Ahora sin tiempo.

Puesto que no hay problemas en el Ahora, no hay enfermedad tampoco. La creencia en una etiqueta que alguien adhiere a su condición la mantiene en su lugar, le da fuerza y hace una realidad aparentemente sólida de un desequilibrio temporal. Le da no sólo realidad y solidez sino también una continuidad en el tiempo que no tenía antes. Al concentrarse en este instante y evitar rotular a la enfermedad mentalmente, se reduce a uno o varios de estos factores: dolor físico, debilidad, incomodidad o incapacidad. *Eso* es a lo que usted se somete ahora. Usted no se somete a la idea de "enfermedad". Permita que el sufrimiento lo empuje hacia el momento presente, hacia un estado de intensa presencia consciente. Úselo para la iluminación.

La entrega no transforma lo que *es*, al menos no directamente. La entrega lo transforma a *usted*. Cuando usted está transformado, todo su mundo se transforma, porque el mundo es sólo un reflejo. Hablamos de esto antes.

Si usted mirara en el espejo y no le gustara lo que ve, tendría que estar loco para atacar a la imagen del espejo. Eso es precisamente lo que usted hace cuando está en un estado de no aceptación. Y, por supuesto, si usted ataca a la imagen, ella le devuelve el ataque. Si usted acepta la imagen, no importa lo que sea, si usted es amistoso con ella, no puede *no* ser amistosa con usted. Así es como usted cambia el mundo.

La enfermedad no es el problema. *Usted* es el problema, mientras la mente egotista tenga el control. Cuando usted está enfermo o incapacitado, no sienta que ha fracasado, no se sienta culpable. No culpe a la vida por tratarlo injustamente, pero tampoco se culpe a sí mismo. Todo eso es resistencia. Si usted tiene una enfermedad grave, úsela para la iluminación. Cualquier cosa "mala" que ocurra en su vida, úsela para la iluminación. Retire el tiempo de la enfermedad. No le dé pasado ni futuro. Haga que ella lo obligue a tener una conciencia intensa del momento presente, y vea lo que pasa.

Conviértase en un alquimista. Transmute el metal bajo en oro, el sufrimiento en conciencia, el desastre en iluminación.

¿Está gravemente enfermo y enfadado por lo que acabo de decir? Entonces es un signo claro de que la enfermedad se ha vuelto parte de su sentido de sí mismo y de que usted está protegiendo ahora su identidad, así como a la enfermedad. La condición clasificada como "enfermedad" no tiene nada que ver con quien es usted verdaderamente.

CUANDO EL DESASTRE GOLPEA

En lo que concierne a la mayoría todavía inconsciente de la población, sólo una situación crítica tiene la capacidad de quebrar la dura cáscara del ego y de obligar a la entrega y forzar al estado de despertar. Una situación crítica surge cuando a través de algún desastre, una conmoción drástica, una pérdida profunda, o el sufrimiento, todo su mundo se hace añicos y ya no tiene sentido. Es un encuentro con la muerte, sea física o psicológica. La mente egotista, el creador de este mundo, se derrumba. De las cenizas del viejo mundo, uno nuevo puede nacer.

No hay garantía, por supuesto, de que incluso una situación límite lo haga, pero el potencial está siempre ahí. La resistencia de algunas personas a lo que *es* se intensifica incluso en tal situación, y de esa forma se convierte en un descenso al infierno. En otros, puede haber sólo una entrega parcial, pero incluso eso les dará cierta profundidad y serenidad que no tenían antes. Partes de la cáscara del ego se rompen, lo que permite que pequeñas cantidades de brillo y paz que estaban más allá de la mente la traspasen.

Las situaciones límite han producido muchos milagros. Ha

habido asesinos condenados a muerte que en las últimas horas de su vida, esperando su ejecución, experimentaron el estado de no ego y la profunda paz y alegría que lo acompañan. La resistencia interior a la situación en la que se encontraban se hizo tan intensa que produjo un sufrimiento insoportable y no había ningún sitio a donde huir ni nada que hacer para escapar de él, ni siquiera un futuro proyectado por la mente. Se vieron forzados a una aceptación completa de lo inaceptable. Se vieron forzados a la entrega. De esta forma, pudieron entrar en el estado de gracia con el que viene la redención: la liberación completa del pasado. Por supuesto, no es realmente la situación límite la que hace sitio al milagro de la gracia y la redención, sino el acto de entrega.

Siempre que lo golpee un desastre, o que algo ande muy "mal" — enfermedad, incapacidad, pérdida del hogar o la fortuna o de una identidad socialmente definida, ruptura de una relación cercana, muerte o sufrimiento de un ser amado, o la cercanía de su propia muerte — sepa que hay otra cara en ello, que usted está sólo a un paso de algo increíble: una transmutación alquímica del metal bajo del dolor y el sufrimiento en oro. Ese paso se llama entrega.

No quiero decir que usted se sentirá feliz en esa situación. No será así. Pero el miedo y el dolor se transmutarán en una paz interior y una serenidad que viene de un lugar muy profundo, de lo No Manifestado. Es la "paz de Dios, que sobrepasa toda comprensión". Comparada con eso, la felicidad es algo muy superficial. Con esta paz radiante viene la comprensión — no en el nivel de la mente sino en la profundidad de su Ser — de que usted es indestructible, inmortal. Esta no es una creencia. Es una absoluta certeza de que no necesita evidencia externa o prueba de alguna fuente secundaria.

TRANSFORMAR EL SUFRIMIENTO EN PAZ

Leí sobre un filósofo estoico de la antigua Grecia que cuando le dijeron que su hijo había muerto en un accidente, respondió: "Sabía que no era inmortal". ¿Es esa la entrega? Si lo es, no la quiero. Hay algunas situaciones en las que la entrega parece antinatural e inhumana.

Estar separado de los sentimientos no es entregarse. Pero no sabemos cuál era su estado interior cuando dijo esas palabras. En ciertas situaciones extremas, aún puede ser imposible para usted aceptar el ahora. Pero siempre tiene una segunda oportunidad en la entrega.

Su primera oportunidad es entregarse cada momento a la realidad de ese momento. Sabiendo que lo que *es* no puede deshacerse — porque ya *es* — usted dice sí a lo que es o acepta lo que no es. Entonces usted hace lo que tiene que hacer, lo que la situación requiera. Si usted vive en este estado de aceptación, no crea más negatividad, más sufrimiento, más infelicidad. Vive entonces en un estado de no resistencia, un estado de gracia y ligereza, libre de esfuerzo.

Siempre que sea incapaz de hacer esto, siempre que pierda esa oportunidad — bien porque no está generando suficiente presencia consciente para evitar que surja algún patrón de resistencia habitual e inconsciente, o porque la condición sea tan extrema que es absolutamente inaceptable para usted — usted está creando alguna forma de dolor, alguna forma de sufrimiento. Puede parecer que la situación es la que crea el sufrimiento, pero en últimas no es así, es su resistencia la que lo crea.

Aquí está su segunda oportunidad para la entrega. Si usted no puede aceptar lo que hay afuera, acepte lo que hay *adentro*. Si no puede aceptar la condición externa, acepte la condición interna. Esto significa: no se resista al dolor. Permítalo estar ahí. Entréguese a la pena, la desesperación o el miedo, la soledad o cualquier forma que el sufrimiento tome. Sea testigo sin etiquetarlo mentalmente. Abrácelo. Entonces vea cómo el milagro de la entrega transmuta el sufrimiento profundo en paz profunda. Esta es su crucifixión. Deje que se convierta en su resurrección y ascensión.

No veo cómo puede uno entregarse al sufrimiento. Como usted mismo señaló, el sufrimiento es una falta de entrega. ¿Cómo podría uno entregarse a la falta de entrega?

Olvide la entrega por un momento. Cuando su dolor es profundo, toda charla sobre la entrega probablemente parecerá fútil y sin sentido, de todas formas. Cuando su dolor es profundo, usted probablemente tendrá una fuerte necesidad de escapar de él en lugar de entregarse a él. Usted no quiere sentir lo que siente. ¿Qué puede ser más normal? Pero no hay escapatoria, no hay modo de salir. Hay muchos pseudoescapes — el trabajo, la bebida, las drogas, la ira, la proyección, la supresión, etcétera — pero no lo liberan a usted del dolor. El sufrimiento no disminuye en intensidad cuando usted lo hace inconsciente. Cuando usted niega el dolor emocional, todo lo que usted hace o piensa, así como sus relaciones se contaminan con él. Usted lo emite, por decirlo así, como la energía que emana y los demás lo recogerán subliminalmente. Si son inconscientes, pueden incluso sentirse empujados a atacarlo o hacerle daño en alguna forma, o usted puede herirlos en una proyección inconsciente de su dolor. Usted atrae y manifiesta lo que corresponde con su estado interior.

Cuando no hay salida, todavía hay un camino *a través* del dolor, así que no se aparte de él. Enfréntelo. Siéntalo plenamente. ¡*Siéntalo*, no *piense* en él! Expréselo si es necesario, pero no cree un guión sobre él en su mente. Déle toda su atención al sentimiento, no a la persona, evento o situación que parece haberlo causado. No deje que la mente use el dolor para crear una identidad de víctima en usted a partir de él. Sentir compasión de sí mismo y contarles a los demás su historia lo mantendrá atascado en el sufrimiento. Puesto que es imposible apartarse del sentimiento, la única posibilidad de cambio es entrar en él; de lo contrario, nada cambiará. Así que preste toda su atención a lo que siente y absténgase de clasificarlo mentalmente. Según entra en el sentimiento, esté intensamente alerta. Al principio, puede parecer un lugar oscuro y aterrador, y cuando surja el impulso de alejarse de él, obsérvelo, pero no actúe sobre él. Siga poniendo su atención en el dolor, continúe sintiendo la tristeza, el miedo, el espanto, la soledad, lo que sea. Permanezca alerta, esté presente, presente con todo su Ser, con cada célula de su cuerpo. Mientras lo hace, está trayendo una luz a esta oscuridad. Es la llama de su conciencia.

En esta etapa usted no necesita preocuparse más de la entrega. Ya ha ocurrido. ¿Cómo? La atención plena es aceptación plena, es entrega. Al prestar atención plena, usted usa el poder del ahora, que es el poder de su presencia. En ella no puede sobrevivir ninguna bolsa de resistencia. La presencia suprime el tiempo. Sin tiempo, ningún sufrimiento ni negatividad puede sobrevivir.

La aceptación del sufrimiento es un viaje hacia la muerte. Enfrentar el dolor profundo, permitirle ser, llevar su atención a él, es entrar en la muerte conscientemente. Cuando usted ha sufrido esta muerte, se da cuenta de que no hay muerte y no hay nada que temer. Sólo el ego muere. Imagine un rayo de sol que ha olvidado que es una parte inseparable de él y se engaña a sí mismo creyendo que tiene que luchar para sobrevivir y crear y aferrarse a una identidad diferente que la del sol. ¿No sería increíblemente liberadora la muerte de ese engaño?

¿Quiere una muerte fácil? ¿Preferiría morir sin dolor, sin agonía? Entonces muera al pasado en cada momento y deje que la luz de su presencia brille fuera del ser pesado y atado al tiempo que usted pensaba que era "usted".

$$\int$$

EL CAMINO DE LA CRUZ

Hay muchos relatos de personas que dicen que han encontrado a Dios a través de un sufrimiento profundo y existe la expresión cristiana "el camino de la cruz", que supongo se refiere a lo mismo.

No nos ocupamos de otra cosa aquí. Hablando estrictamente, no encontraron a Dios por medio del sufrimiento, porque el sufrimiento implica resistencia. Encontraron a Dios por medio de la entrega a lo que fueron forzados por su intenso sufrimiento, por medio de la total aceptación de lo que es. Deben haber comprendido en algún nivel que su dolor era creado por ellos mismos.

¿Cómo se relaciona la entrega con encontrar a Dios?

Puesto que la resistencia es inseparable de la mente, el abandono de la resistencia — la entrega — es el fin de la mente como su amo, el impostor que pretende ser "usted", el falso Dios. Todo juicio y toda negatividad se disuelven. El reino del Ser, que había sido oscurecido por la mente, se abre entonces. Súbitamente surge dentro de usted una gran calma, una sensación de paz insondable. Y en esta paz, hay gran alegría. Y en esta alegría, hay amor. Y en el centro más profundo, está lo sagrado, lo inconmensurable, Aquello que no puede ser nombrado.

No hablo de encontrar a Dios, ¿porque cómo puede encontrar aquello que nunca estuvo perdido, la verdadera vida que usted es? La palabra *Dios* es limitadora, no sólo por miles de años de percepción y uso equivocados, sino también porque implica una entidad diferente de usted. Dios es el mismo Ser, no un ser. No puede haber relación sujeto-objeto aquí, ni dualidad, ni usted *y* Dios. La comprensión, el descubrimiento de Dios es la cosa más natural que hay. Lo asombroso e incomprensible no es que usted *pueda* hacerse consciente de Dios sino que *no sea* consciente de Dios.

El camino de la cruz que usted mencionó es el antiguo camino de la iluminación, y hasta hace poco era el único camino. Pero no lo deseche ni subestime su eficacia. Funciona todavía.

El camino de la cruz es una inversión completa. Quiere decir que lo peor de su vida, su cruz, se convierte en lo mejor que jamás le haya ocurrido, al forzarlo a la entrega, a la "muerte", al obligarlo a convertirse en nada, a volverse Dios, porque Dios también es nada, no-cosa.

En estos tiempos, en lo que se refiere a la mayoría inconsciente de seres humanos, el camino de la cruz es el único camino. Sólo despertarán a través del sufrimiento, y la iluminación como fenómeno colectivo probablemente será precedida de grandes conmociones. Este proceso refleja el funcionamiento de ciertas leyes universales que gobiernan el crecimiento de la conciencia y así fue previsto por algunos videntes. Está descrito, entre otros lugares, en el Libro de la Revelación o Apocalipsis, aunque envuelto en una simbología oscura y a veces impenetrable. Este sufrimiento es infligido no por Dios sino por los seres humanos a sí mismos y unos a otros, así como por ciertas medidas defensivas que la Tierra, que es un organismo vivo, inteligente, va a tomar para protegerse del asalto de la locura humana.

Sin embargo, hay un número creciente de seres humanos hoy en día cuya conciencia está suficientemente evolucionada para no necesitar más sufrimiento antes de la realización de la iluminación. Usted puede ser uno de ellos.

La iluminación a través del sufrimiento — el camino de la cruz — significa ser forzado a entrar en el reino de los cielos gritando y pataleando. Usted finalmente se rinde porque no puede soportar más el dolor, pero el dolor podría continuar por mucho tiempo antes de que ocurra. La iluminación elegida conscientemente significa abandonar su apego al pasado y al futuro y convertir el Ahora en el punto principal de su vida. Significa morar en el estado de presencia más que en el tiempo. Significa decir sí a lo que *es*. Usted entonces no necesita más el dolor. ¿Cuánto más tiempo cree que necesitará antes de poder decir: "No voy a producir más dolor, más sufrimiento"? ¿Cuánto más dolor necesita antes de tomar esa decisión?

Si usted cree que necesita más tiempo, tendrá más, y más dolor. El tiempo y el dolor son inseparables.

EL PODER DE ELEGIR

¿Y qué pasa con esas personas que realmente parece que quieren sufrir? Tengo una amiga cuyo compañero abusa físicamente de ella y su relación anterior fue similar. ¿Por qué elige tales hombres y por qué se niega a salir de esa situación ahora? ¿Por qué tantas personas eligen el dolor?

Sé que la palabra *elegir* es un término favorito de la Nueva Era, pero no es completamente exacto en este contexto. Lleva a confusiones decir que alguien "elige" una relación disfuncional o cualquier otra situación negativa en su vida. La elección implica conciencia, un grado más alto de conciencia. Sin ella, usted no tiene elección. La elección comienza en el momento en que deja de identificarse con la mente y sus patrones condicionados, en el momento en que se vuelve presente. Hasta que alcanza ese punto, usted es inconsciente espiritualmente hablando. Esto significa que usted se siente impelido a pensar, sentir y actuar de cierto modo, de acuerdo con el condicionamiento de su mente. Por eso Jesús dijo: "Perdónalos, porque no saben lo que hacen". Esto no tiene relación con la inteligencia en el sentido convencional de la palabra. He conocido muchas personas muy inteligentes y educadas que eran también completamente inconscientes, es decir, completamente identificadas con su mente. De hecho, si el desarrollo mental y del conocimiento no se equilibran con un crecimiento correspondiente de la conciencia, el potencial de infelicidad y desastre es muy grande.

Su amiga está atrapada en una relación con un compañero abusador y no es la primera vez. ¿Por qué? No tiene elección. La mente, condicionada por el pasado, siempre busca recrear lo que conoce y con lo que está familiarizada. Incluso si es doloroso, al menos es familiar. La mente siempre se adhiere a lo conocido. Lo desconocido es peligroso porque no tiene control sobre ello. Por eso a la mente le desagrada e ignora el momento presente. La conciencia del momento presente crea una brecha, no sólo en la corriente de la mente sino también en el continuo del pasado-futuro. Nada verdaderamente nuevo y creativo puede venir a este mundo excepto a través de la brecha, ese claro espacio de posibi-lidades infinitas.

Así pues su amiga, al estar identificada con su mente, puede estar recreando un patrón aprendido en el pasado, en el cual la intimidad y el abuso están inseparablemente ligados. También puede estar actuando de acuerdo con un patrón mental aprendido en su niñez temprana, según el cual ella no es digna y merece ser castigada. Es posible, también, que viva gran parte de su vida en el cuerpo del dolor, que siempre busca más dolor del cual alimen-tarse. Su compañero tiene sus propios patrones inconscientes, que complementan los de ella. Por supuesto, su situación es creada por ella misma, ¿pero quién o qué es ese *yo* que está creándola? Un patrón mental-emocional del pasado, nada más. ¿Por qué con-vertirlo en la identidad propia? Si usted le dice que ha elegido su condición o situación, está reforzando su estado de identificación con la mente. ¿Pero su patrón mental es ella? ¿Es su propio ser? ¿Su verdadera identidad se deriva del pasado? Muéstrele a su amiga cómo ser la presencia observadora detrás de sus pensa-mientos y sus emociones. Háblele sobre el cuerpo del dolor y cómo liberarse de él. Enséñele el arte de la conciencia del cuerpo interior. Hágale ver el significado de la presencia. Tan pronto como sea capaz de acceder al poder del Ahora y por lo tanto de abrirse paso a través de su pasado condicionado, *tendrá* elección. Nadie *elige* la disfunción, el conflicto, el dolor. Nadie *elige* la locura. Ocurren porque no hay suficiente presencia en usted para disolver el pasado, suficiente luz para disipar las tinieblas. Usted no está completamente aquí. Usted aún no ha despertado del todo. Mientras tanto, la mente condicionada sigue gobernando su vida.

Similarmente, si usted es una de las muchas personas que tiene problemas con sus padres, si usted aún alberga resentimiento sobre algo que hicieron o no hicieron, entonces usted todavía cree que tenían elección, que podían haber actuado de forma diferente. Siempre parece que las personas tienen una elección, pero se trata de una ilusión. Mientras su mente con sus patrones condicionados dirijan su vida, mientras usted *sea* su mente ¿qué elección tiene? Ninguna. Usted ni siquiera está ahí. El estado de identificación con la mente es gravemente disfuncional. Es una forma de locura. Casi todo el mundo sufre de esa enfermedad en grados diferentes. En el momento en que se dé cuenta de eso, no puede haber más resentimiento. ¿Cómo puede resentirse con la enfermedad de alguien? La única respuesta apropiada es la compasión.

¿Entonces eso significa que nadie es responsable de lo que hace? No me gusta esa idea.

Si usted es manejado por su mente, aunque no tiene elección aún sufrirá las consecuencias de su inconsciencia y creará un sufrimiento mayor. Usted llevará el peso del miedo, el conflicto, los problemas y el dolor. Eventualmente el sufrimiento creado así lo obligará a salir de su estado inconsciente.

Lo que usted dice sobre la elección también se refiere al perdón, supongo. Usted necesita estar completamente consciente y entregarse antes de poder perdonar.

"Perdón" es un término que se ha usado durante dos mil años, pero la mayoría de las personas tiene una visión muy limitada de lo que significa. Usted no puede perdonarse verdaderamente, o perdonar a los demás, mientras derive su sentido de sí mismo del pasado. Sólo accediendo al poder del Ahora, que es su propio poder, puede haber verdadero perdón. Esto hace impotente al pasado y usted comprende profundamente que nada de lo que haya hecho o que le hayan hecho pudo siquiera tocar en lo más mínimo la esencia radiante de quien usted es. Todo el concepto de perdón se vuelve entonces innecesario.

¿Y cómo llego a este punto de realización?

Cuando se entrega a lo que es y así se vuelve completamente presente, el pasado deja de tener poder alguno. No lo necesita ya. La presencia es la clave. El Ahora es la clave.

¿Cómo sabré cuándo me he entregado?

Cuando ya no necesite hacer esa pregunta.

AGRADECIMIENTOS

Estoy profundamente agradecido con Coonie Kellough por su afectuoso apoyo y por su aporte vital para transformar mi manuscrito en este libro y traerlo al mundo. Trabajar con ella es un placer.

Extiendo mi gratitud a Corea Ladner y a las personas maravillosas que han contribuido a este libro dándome *espacio*, el más preciado de los dones, espacio para escribir y espacio para *ser*. Gracias a Adrienne Bradley en Vancouver, a Margaret Miller en Londres y a Angie Francesco en Glastonbury, Inglaterra, a Richard en Menlo Park y a Rennie Frumkin en Sausalito, California.

También le agradezco a Shirley Spaxman y a Howard Kellough por su primera revisión del manuscrito y por su valiosa retroalimentación, así como a todos los que fueron tan amables de revisar el manuscrito en una etapa posterior y ofrecer sugerencias. Gracias a Rose Dendewich por digitarlo siguiendo su estilo inigualablemente profesional y alegre.

Finalmente, me gustaría expresar mi amor y gratitud a mi madre y a mi padre, sin los cuales este libro no habría llegado a existir, a mis maestros espirituales y al gurú más grande de todos: la vida.

El poder del ahora de Eckhart Tolle
se terminó de imprimir en octubre de 2017
en los talleres de
MBM Impresora, S.A. de C.V.
Mirador N° 77, Col. Amp. Tepepan
Del. Xochimilco, C.P. 16020, Ciudad de México